[明] 午榮 撰

魯班經匠家鏡

华龄出版社
HUALING PRESS

图书在版编目（CIP）数据

鲁班经匠家镜 /（明）午荣撰 . -- 影印本 . -- 北京 ：华龄出版社，2025. 2. -- ISBN 978-7-5169-2945-2

Ⅰ. TU-092.48

中国国家版本馆 CIP 数据核字第 2025KQ9317 号

责任编辑	梁玉刚	**责任印制**	李未圻
装帧设计	创巢视觉		
书　　名	鲁班经匠家镜	**作　　者**	（明）午荣
出　　版 发　　行	华龄出版社 HUALING PRESS		
社　　址	北京市东城区安定门外大街甲 57 号	**邮　　编**	100011
发　　行	（010）58122255	**传　　真**	（010）84049572
承　　印	三河市嵩川印刷有限公司		
版　　次	2025 年 2 月第 1 版	**印　　次**	2025 年 2 月第 1 次印刷
规　　格	710mm × 1000mm	**开　　本**	1/16
印　　张	11.25	**字　　数**	40 千字
书　　号	ISBN 978-7-5169-2945-2		
定　　价	68.00 元		

序言

在我國浩瀚的歷史文獻中，記錄建築技術的專著鳳毛麟角，流傳至今的更是屈指可數，其中為人所知的有營造法式、工程做法等多部官修著作，魯班經匠家鏡是唯一一部民間建築的營造典籍。與官修著作不同，魯班經匠家鏡出自民間，流傳於民間，內容十分豐富，不僅涵蓋了建築設計與傢具製作的技藝，還融入了擇日擇址的堪輿風水知識，其中很多是對前人智慧的總結和繼承。

魯班，原名公輸般，春秋末魯國人，被後世建築匠與木匠奉為『祖師』，也被譽為『工聖』『巧聖』。魯班對後世影響深遠，已成為能工巧匠的代名詞。魯班經匠家鏡中魯班仙師源流一文對這位傳奇人物進行了較為詳細的介紹。但魯班經匠家鏡一書並非魯班撰述，而是後人出於對魯班的敬仰，借其名與創新精神，匯聚了民間工匠千百年的實踐經驗編纂而成。

魯班經匠家鏡中作者標注為，午榮匯編，章嚴同集，周言校正。午榮是北京提督工部御匠司司正，章嚴為局匠所把總，周言則是南京遞匠司司承，三人具體生平事跡不詳。

魯班經匠家鏡成書年代已不可考，成書於元代的魯般營造正式被認為是其前身之一。自明中葉起，魯班經匠家鏡的翻刻本、影印本迅速增多，現存善本均為明清年代刊印。國内各大圖書館及研究機構收藏的版本衆多，包括明萬曆匯賢齋刻本、明萬曆間刻本、明末刻本、明崇禎間刻本、清乾隆刻本、清古吳三多齋刻本、清道光十年（一八三〇）刻本、清光緒間刻本等。

全書含工師雕斫正式魯班木經匠家鏡三卷，附靈驅解法洞明真言秘書（即秘訣仙機）一卷。卷前十二頁收録三架式、正三架、正架式等二十餘種式樣圖像，圖畫鐫刻精良。圖畫之後是正文，卷一主要講述了房屋主體部分的建造，以及王府宫殿、寺觀庵堂等同類部分。卷二主要講述房屋附屬部分的建造，以及床、棹、椅等器物的製作。卷三是上圖下文，講門牆須正及其與周邊環境如道路、水池等的相互關係。卷三之後附靈驅解法洞明真言秘書一卷。

魯班經匠家鏡是中國民間工匠上千年實踐經驗的積累，為我國古代建築文化奠定了基礎。如今，它已成為建築師、設計師乃至廣大文化愛好者的必讀之作，引領人們穿越歷史長河，領略古代建築文化的獨特魅力。

新鐫下丹匠家鏡

魯班經

附秘訣仙機

正三架

三架式

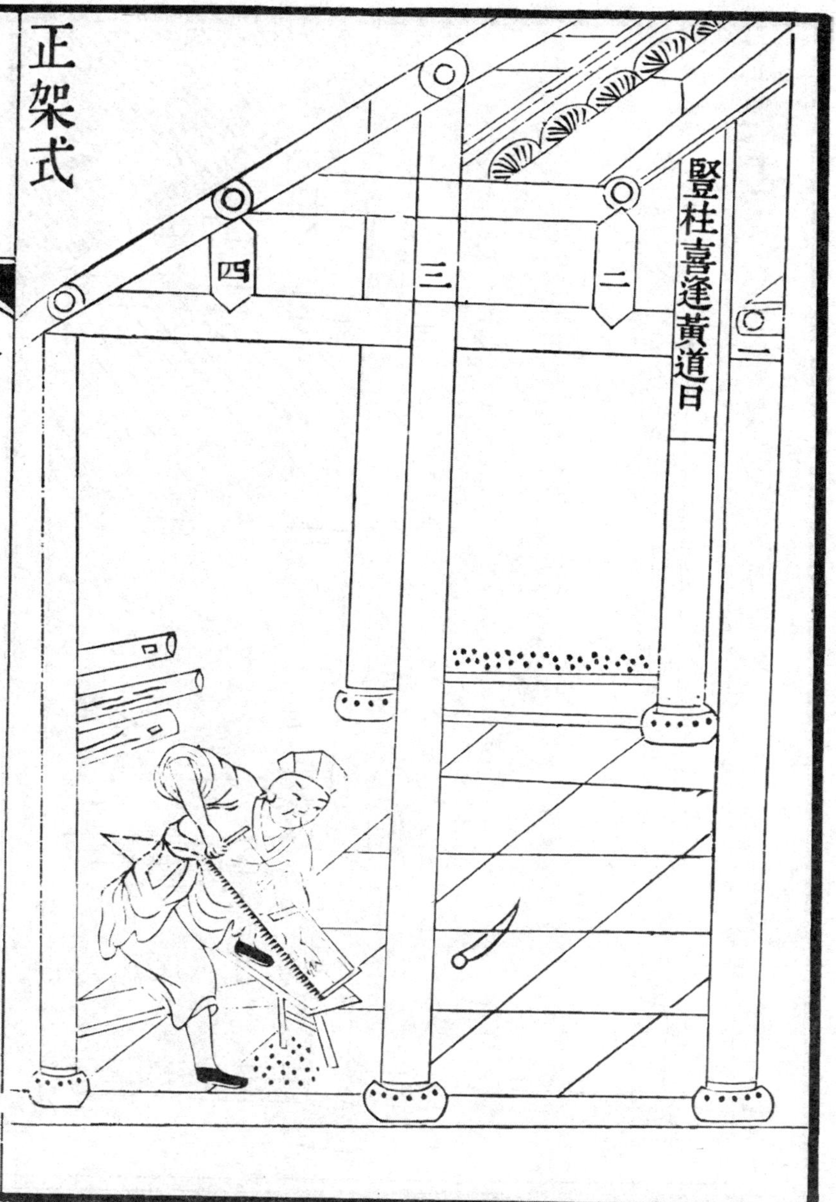

正架式

正架式

九架式

鞦韆架式

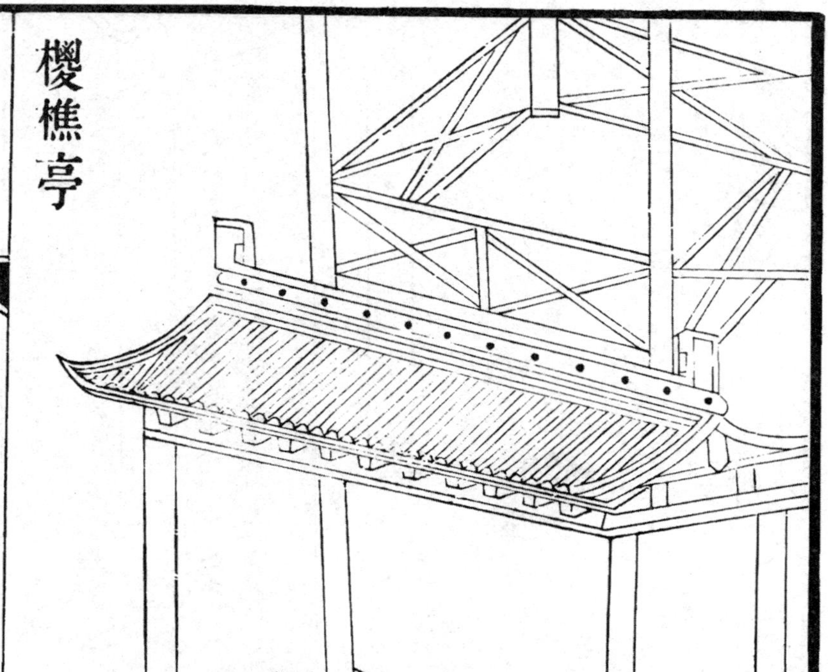
櫻樵亭

造作門樓

五架後拖兩架式
中柱
前淺
後深

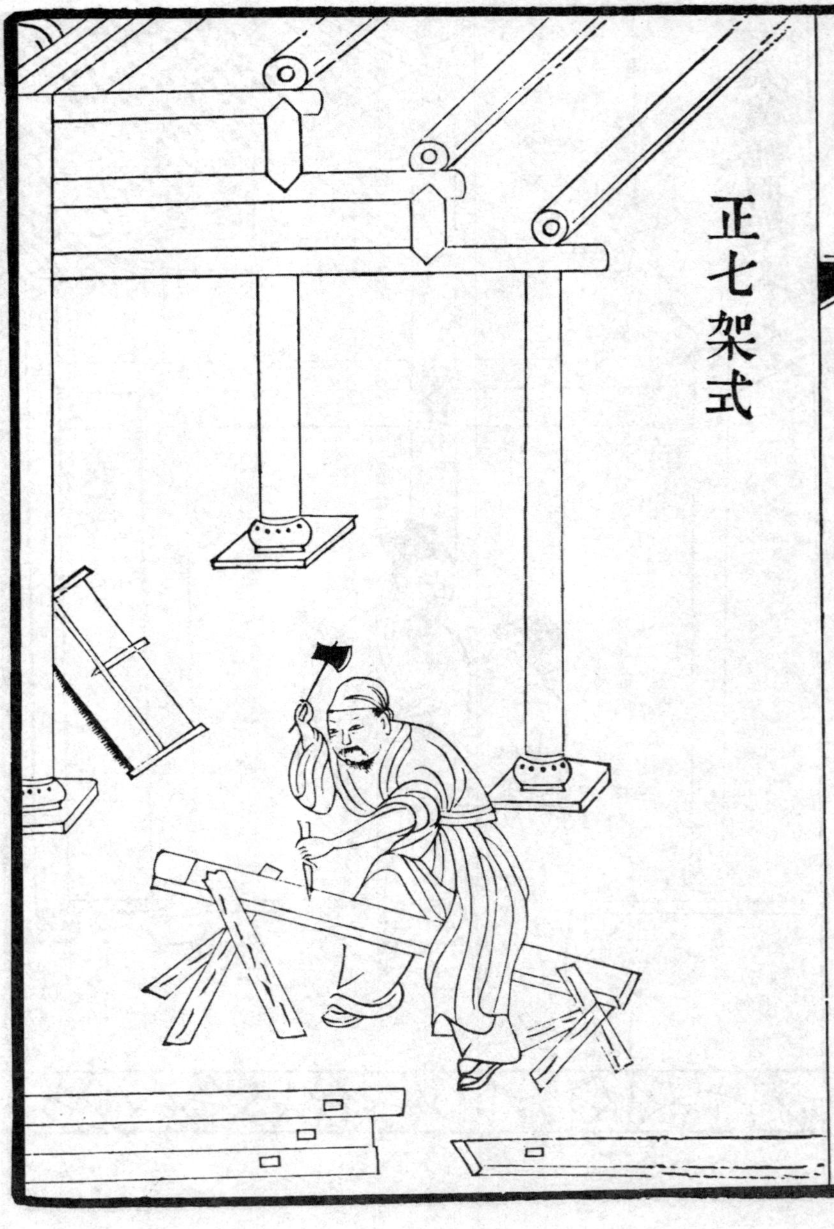
正七架式

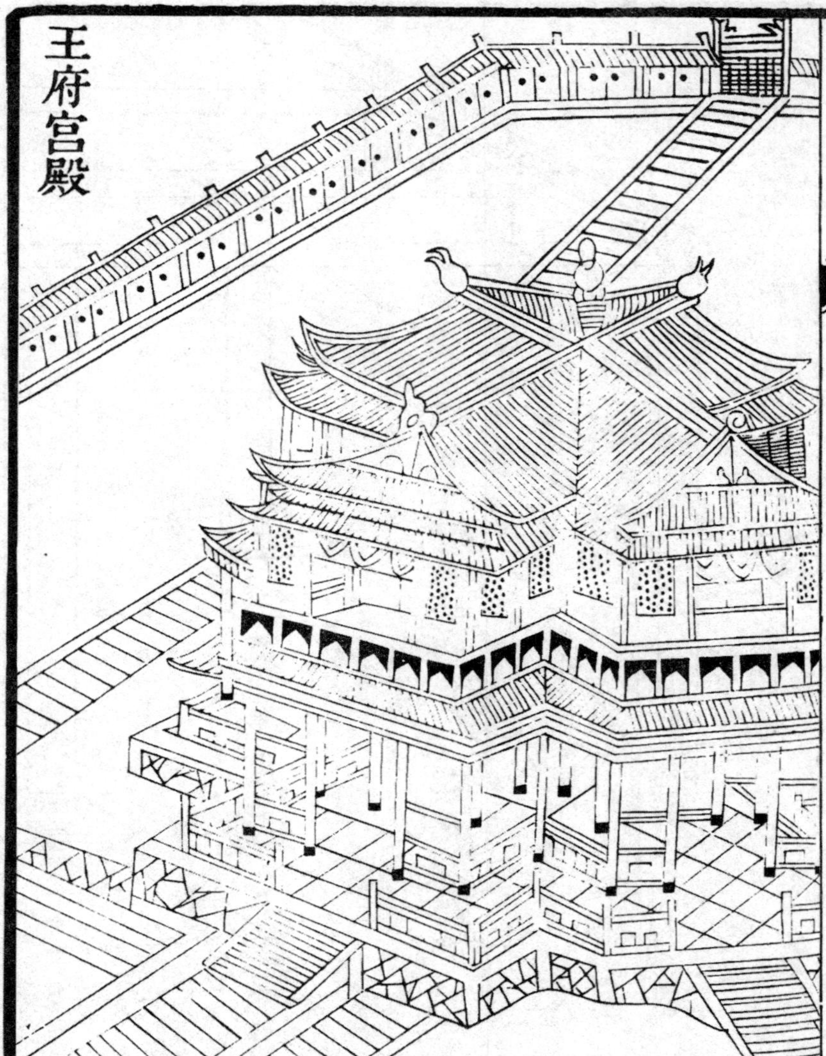
王府宫殿

司天臺式

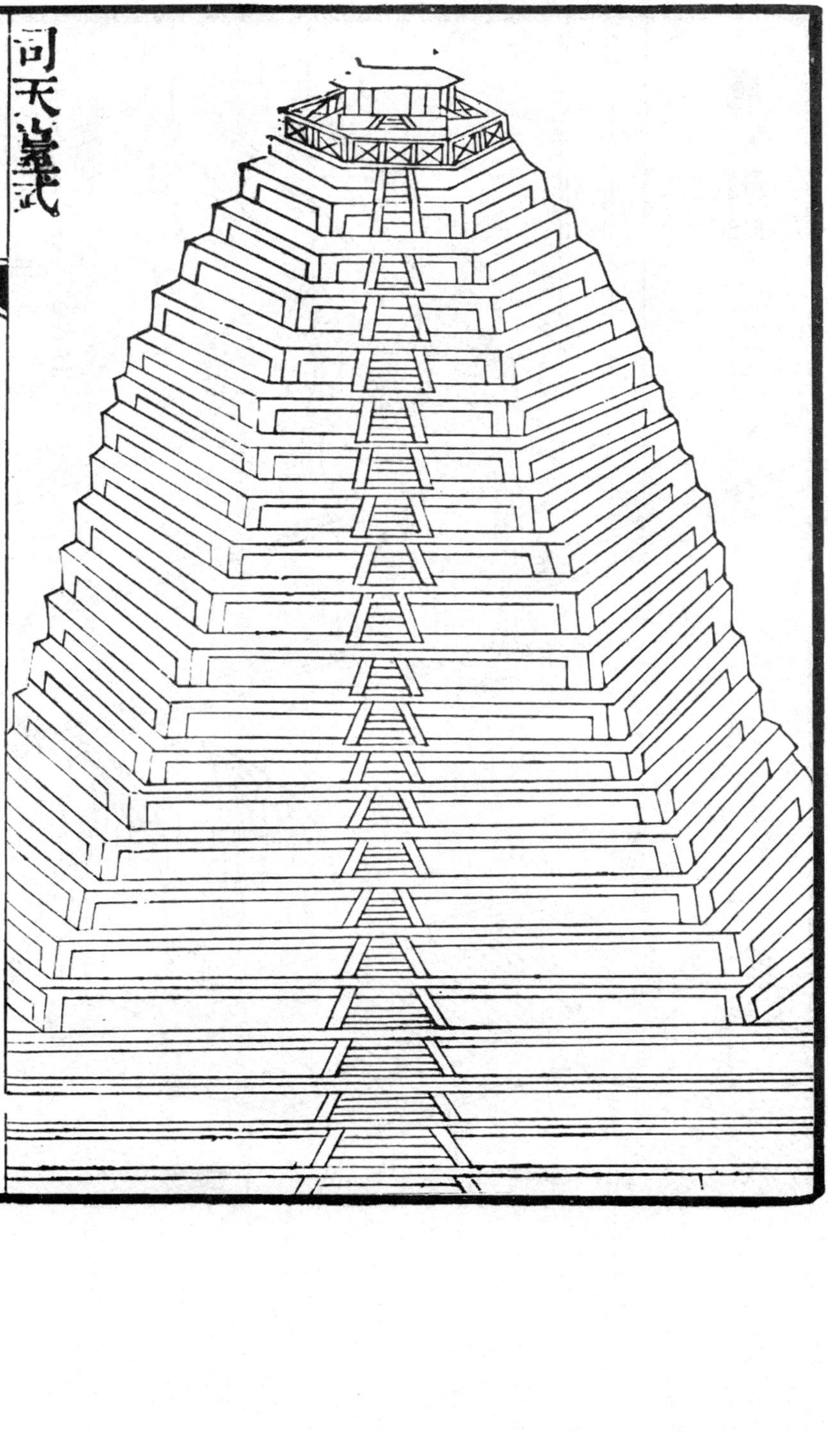

庵堂廟宇

祠

涼亭式

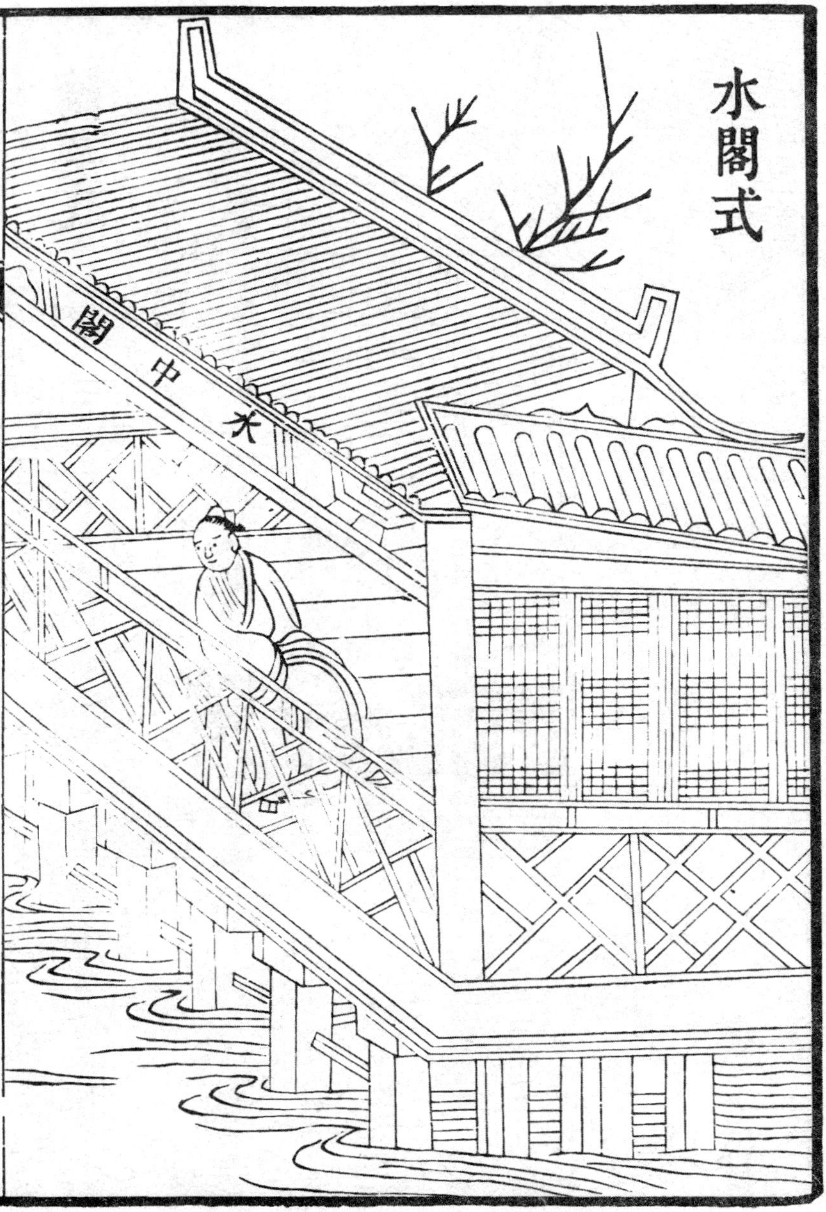

水閣式

橋亭式

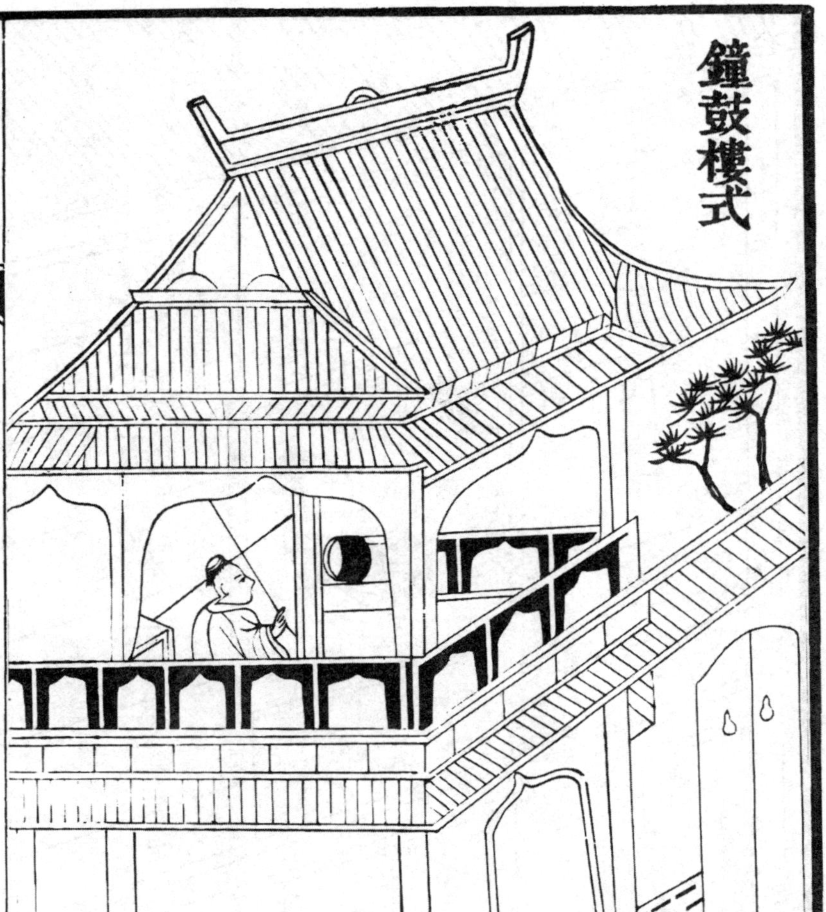

鐘鼓樓式

七六五四三二一
七六五四三二一

牛欄式

馬廐式

大床式

鏡架式

工師雕斲正式魯班木經匠家鏡卷之一

北京提督工部御匠司司正午榮彙編

局匠所　把總　章　嚴　仝集

南京遞匠司司承周　言　校正

魯班仙師源流

師諱班姓公輸字依智魯之賢勝路東平村人也其父諱賢母吳氏師生於魯定公三年甲戌五月初七日午時是日白鶴羣集異香滿室經月弗散人咸奇之甫七歲嬉戲不學父母深以爲憂迨十五歲忽幡

然從遊於子夏之門人端木起不數月遂妙理融通度越時流憤諸侯僭稱王號因遊說列國志在尊周而計不行迺歸而隱于泰山之南小和山焉晦迹幾一十三年偶出而遇鮑老董促膝讌譚竟受業其門注意雕鏤刻畫欲令中華文物煥爾一新故嘗語人曰不規而圓不矩而方此乾坤自然之象也規以爲圓矩以爲方實人官兩象之能也矧吾之明雖足以盡制作之神亦安得必天下萬世咸能師心而如吾明耶明不如吾則吾之明窮而吾之技亦窮矣爰是

既竭目力復繼之以規矩準繩俾公私欲經營宮室
駕造舟車與置設器皿以前民用者要不超吾一成
之法已試之方矣然則師之緣物盡制緣制盡神者
顧不良且鉅哉而其淑配雲氏又天授一段神巧所
制器物固難枚舉第較之於師殆有佳處內外贊襄
用能享大名而垂不朽耳裔是年躋四十復隱于歷
山卒遘異人授秘訣雲遊天下白日飛昇止留斧鋸
在白鹿仙巖迄今古迹昭然如睹故戰國大義贈爲
永成待詔義士後三年陳侯加贈智惠法師歷漢唐

宋猶能顯蹤助國屢膺　封號明朝永樂間鼎剏北京龍聖殿役使萬匠莫不震悚賴師降靈指示方獲落成爰建廟祀之扁曰魯班門封待詔輔國大師北成侯春秋二祭禮用太牢今之工人凡有祈禱靡不隨叩隨應誠懸象著明而萬古仰照者

人家起造伐木

入山伐木法凡伐木日辰及起工日切不可犯穿山殺匠人入山伐木起工且用看好木頭根數具立平坦處斫伐不可老草此用人力以所爲也如或

木植到場不可堆放黃殺方又不可犯皇帝入座

九天大座餘日皆吉

伐木吉日

己巳庚午辛未壬申甲戌乙亥戊寅己卯壬午甲申乙酉戊子甲午乙未丙申壬寅丙午丁未戊申己酉甲寅乙卯己未庚申辛酉定成開日吉又宜明星黃道天德月德

○忌刀砧殺斧頭龍虎受死天賊日刀砧危日山隔九土鬼正四廢魁罡日赤口山痕經觜朱雀

起工架馬

凡匠人興工須用按祖留下格式將木馬先放在吉方然後將後步柱安放馬上起看俱用翻鋤向內動作今有晚學木匠則先將棟柱用正則不按魯班之法後步柱先起手者則先後方且

有前先就低而後高自下而至上此爲依祖式也

凡造宅用深淺闊狹高低相等尺寸合格方可爲之也

起工破木　宜巳巳辛未甲戌乙亥戊寅巳卯壬午甲申乙酉戊子庚寅乙未巳亥壬寅癸卯丙午戊申巳酉壬子乙卯巳未庚申辛酉黄道天成月空天月二德及合神開日吉

○忌刀砧殺木馬殺斧頭殺天賊受死月破破敗獨火魯般殺建日凡土鬼正四廢四離四絕大小空亾荒蕪凶敗滅没日凶

總論

論新立宅架馬法新立宅舍作主人眷既巳出火避

宅如起工即就坐上架馬至如豎造吉日亦可通用

論淨盡拆除舊宅倒堂豎造架馬法凡盡拆除舊宅倒堂豎造作主人眷既已出火避宅如起工架馬與新立宅舍架馬法同

論坐宮修方架馬法凡作主不出火避宅但就所修之方擇吉方上起工架馬吉或別擇吉架馬亦利

論移宮修方架馬法凡移宮修方作主人眷不出火避宅則就所修之方擇取吉方上起工架馬如出

火避宅起工架馬却不問方道

論架馬活法凡修作在柱近空屋內或在一百步之外起寮架馬却不問方道

修造起符便法

起符吉日其日起造隨事臨時自起符後一任用工修造百無所忌

論修造起符法凡修造家主行年得運自宜用名姓昭告符若家主行年不得運自而以弟子行年得運用作造主用名姓昭告符使大抵師人行符起

殺但用作主一人名姓昭告山頭龍神則定磉扇架竪柱日避本命日及對主日俟修造完備移香火隨符入宅然後卸符安鎮宅舍

論東家修作西家起符照方法

凡鄰家修方造作就本家宮中置羅經格定鄰家所修之方如值年官符三殺獨火月家飛宮州縣官符小兒殺打頭火大月建家主身皇定命就本家屋內前後左右起立符使依移官法坐符使從權請定祖先福神香火暫歸空界將符使照起鄰家

所修之方今轉而爲吉方俟月節過視本家住居
當初一永定方道無緊殺占然後安奉祖先香火福
神所有符使待歲除方可卸也
畫柱繩墨右吉日宜天月二德併三白九紫値日時
大吉齊柱脚宜寅申巳亥日

總論

論畫柱繩墨併齊木料開柱眼俱以白星爲主蓋三
白九紫匠者之大用也先定日時之白後取尺寸
之白停停當當上合天星應昭祥光覆護所以住

者獲福之吉豈知乎此福於是補出便右吉日不犯天瘟天賊受死轉殺大小火星荒蕪伏斷等日

動土平基

平基吉日○甲子乙丑丁卯戊辰庚午辛未壬子癸丑甲寅乙卯庚申辛酉○築墻宜伏斷閉日吉○補築墻宅龍六七月占墻○伏龍六七月占西墻二壁因雨傾倒就當日起工便築卽爲無犯若候晴後停留三五日過則須擇日不可輕動○泥飾垣墻平治道塗甃砌階基宜平日吉

未巳卯辛巳甲申乙未丁酉巳亥丙午丁

總論

論動土方陳希夷玉鑰匙云土皇方犯之令人害瘋癆水蠱上符所在之方取土動土犯之主浮腫水

氣又據術者云土瘟日并方犯之令人兩脚浮腫

天賊日起手動土犯之招盜

論取土動土坐宮修造不出避火宅須忌年家月家

殺殺方

定磉扇架

宜甲子乙丑丙寅戊辰己巳庚午辛未甲戌乙亥戊寅己卯辛巳壬午癸未甲申丁亥戊子己丑庚寅癸巳乙未丁酉戊戌己亥庚子壬寅癸卯丙午戊申己酉壬子癸丑甲寅乙卯丙辰丁巳己未庚申辛酉又宜天德月德黃道併諸吉神值日亦可通用忌正四廢天賊建破日

竪柱吉日

宜己巳辛丑甲寅乙亥乙酉己酉壬子乙巳己未庚申戊子乙未己亥己卯甲申己丑庚寅癸卯戊申壬戌丙寅辛巳又宜寅申巳亥爲四柱日黃道天月二德諸吉星成開日吉

上梁吉日　宜甲子乙丑丁卯戊辰己巳庚午辛未壬申甲戌丙子戊寅庚辰壬午甲申丙戌戊子庚寅甲午丙申丁酉戊戌己亥庚子辛丑壬寅癸卯乙巳丁未己酉辛亥癸丑乙卯丁巳己未辛酉癸亥黃道天月二德諸吉星成開日吉

拆屋吉日　宜甲子乙丑丙寅戊辰己巳辛未癸酉甲戌丁丑戊寅己卯癸未甲申壬辰癸巳甲午乙未己亥辛丑癸卯己酉庚戌辛亥丙辰丁巳庚申辛酉除日吉

蓋屋吉日　宜甲子丁卯戊辰己巳辛未壬申癸酉丙子丁丑己卯庚辰癸未甲申乙酉丙戌戊子庚寅丁酉癸巳乙未己亥辛丑壬寅癸卯甲辰乙巳戊申己酉庚戌辛亥癸丑乙卯丙辰庚申辛酉定成開日吉

泥屋吉日　宜甲子乙丑己巳甲戌丁丑庚辰辛巳乙酉辛亥庚寅辛卯壬辰癸巳甲午乙未丙

午戊申庚戌辛亥丙辰丁
巳戊午庚申平成日吉

開渠吉日 宜甲子乙丑辛未已卯庚
辰丙戌戊申開平日吉

砌地吉日 與修造動
土同看

結砌天井吉日 詩曰

結修天井砌堦基須識水中放水圭格向天干埋
棓口忌中順逆小兒嬉雷霆大殺土皇廢土忌瘟
符受死離天賊瘟囊芳地破土公土水隔痕隨

○右宜以羅經放天井中間針定取方位放水天
干上切忌大小滅没雷霆大殺土皇殺方忌止忌
土瘟土符受死正四廢天賊天瘟地
囊荒蕪地破土公箭上痕水痕水隔

○論逐月甃地結天井砌堦基吉日

正月　甲子壬午戊子庚子乙丑己卯丙午丙子丁卯
二月　乙丑庚寅戊寅甲寅辛未丁未己未甲申戊申
三月　己巳己卯戊子庚子癸酉丁酉丙子壬子
四月　甲子戊子庚子甲戌乙丑丙子
五月　乙亥己亥辛亥庚寅甲寅乙丑辛未戊寅
六月　乙亥己亥戊寅甲寅辛卯乙卯己卯甲申戊申庚申辛亥丙寅
七月　戊子庚子庚午丙午辛未丁未己未壬辰丙子壬子
八月　戊寅庚寅乙丑丙寅丙辰甲戌庚戌

九月己卯辛卯庚午丙午癸卯

十月甲子戊子癸酉辛酉庚午甲戌壬午

十一月己未甲戌戊申壬辰庚申丙辰乙亥己亥辛亥

十二月戊寅庚寅甲寅甲申戊申丙寅庚申

○起造立木上樑式

凡造作立木上樑候吉日良時可立一香案於中亭設安普庵仙師香火備列五色錢香花燈燭三牲菓酒供養之儀匠師拜請三界地主五方宅神魯班三郎十極高眞其匠人秤丈竿墨斗曲尺繫放

香棹米桶上并巡官羅金安頓照官符三煞凶神

打退神殺居住者永遠吉昌也

○請設三界地主魯班仙師祝上樑文

伏以日吉時良天地開張金爐之上五炷明香虔誠

拜請今年今月今日今時直符使者伏望光臨有

事懇請今據某省某府某縣某鄉某里某社奉道

信官士憑術士選到今年某月某日吉時吉方大利

架造廳堂不敢自專仰仗直符使者賫持香信拜

請三界四府高眞十方賢聖諸天星斗十二官神

五方地主明師虛空過往福德靈聰住居香火道
釋衆眞門官井竈司命六神魯班眞仙公輸子匠
人帶來先傳後教祖本先師望賜降臨伏望諸聖
跨寉驂鸞暫別宮殿之內登車撥馬來臨場屋之
中旣沐降臨酒當三奠奠酒詩曰
初奠纔斟聖道降臨　已享已祀皷皷琴布
福乾坤之大　受恩江海之深　仰憑聖道普降
凡情　酒當二奠　人神喜樂大布恩光　享來
祿爵二奠盃觴　永滅災殃百福降祥　萬壽無

疆　酒當三奠　自此門庭常貼泰　從茲男女
永安康　仰冀聖賢流恩澤　廣置田產降福降
祥　上來三奠已畢七獻云週不敢過獻　伏願
信官士某自創造上樑之後家門浩浩活計昌昌手
斯倉而萬斯箱一曰富而二曰壽公私兩利門庭
光顯宅舍興隆火盜雙消諸事吉慶四時不遇水
雷迍八節常蒙地天泰　如或臨產臨盆有慶坐草
無危願生智慧之男聰明
富貴起家之子云云　凶藏煞沒各無干犯之方神喜人懽大
布禎祥之兆凡在四時克臻萬善次冀匠人興工

造作拈刀弄斧自然目朗心開負重拈輕莫不脚
輕手快仰賴神通特垂庇祐不敢久留聖駕錢財
奉送來時當獻下車酒去後當酬上馬盃諸聖各
歸宫闕再有所請望賜降臨錢財匠人出煞云云
天開地闢日吉時良黄帝子孫起造高堂或造廟宇庵堂
寺觀則云仙師架造先合陰陽凶神退位惡煞潜藏此間建立永
遠吉昌伏願榮遷之後龍歸寶穴鳳徙梧巢茂蔭
兒孫增崇產業者　詩曰
一聲槌響透天門萬聖千賢左右分天煞打歸天

上去地煞潛歸地裏藏大厦千間生富貴全家百
行益兒孫金槌敲處諸神護惡煞凶神急速奔

造屋間數吉凶例

一間凶　二間自如　三間吉　四間凶　五間吉
六間凶　七間吉　八間凶　九間吉

歌曰

五間廳三間堂創後三年必招殃○始五間廳三
間堂三年內殺五人七年疰敗凶四間廳三間堂
二年內殺四人三年內殺七人來二間無子五間

絕三架廳七架堂凶七架廳吉三間廳三間堂吉

斷水平法

莊子云　夜靜水平

俗云　水從平則止造此法中立一方表下作十字拱頭蹄脚上橫過一方分作三分中開水池中表安二線垂下將一方石頭墜正中心水池中立三個水鴨子實要匠人定得木頭端正壓尺十字不可分毫走失若依此例無不正也

畫起屋樣

木匠按式用精紙一幅畫地盤闊狹深淺分下間架或三架五架七架九架十一架則在主人之意或柱柱落地或偷柱及樑栟使過步樑眉樑眉枋或使斗磉者皆在地盤上停當

魯般眞尺

按魯般尺乃有曲尺一尺四寸四分其尺間有八寸一寸堆曲尺一寸八分內有財病離凶官刼害本也凡人造門用依尺法也假如單扇門小者開二尺一寸一白般尺在義上單扇門開二尺八寸在

八白般尺合吉土雙扇門者用四尺三寸一分合四綠一白則爲本門在吉上如財門者用四尺三寸八分合財門吉大雙扇門用廣五尺六寸六分合兩白又在吉上今時匠人則開門濶四尺二寸乃爲二黑般尺又在吉上及五尺六寸者則吉上二分加六分正在吉中爲佳也皆用依法百無一失則爲良匠也

魯般尺八首

財字

財字臨門仔細詳外門招得外才良若在中門常自
有積財須用大門當中房若合安於上銀帛千箱與
萬箱木匠若能明此理家中福祿自榮昌

病字

病字臨門招疫疾外門神鬼入中庭若在中門逢此
字災須輕可免危聲更被外門相照對一年兩度送
尸靈於中若要無凶禍厠上無疑是好親

離字

離字臨門事不祥仔細排來在甚方若在外門并中

戶子南父北自分張房門必主生離別夫婦恩情兩處忙朝夕士家常作鬧悽惶無地禍誰當

義字

義字臨門孝順生一字中字最爲眞若在都門招三婦廊門淫婦戀花聲於中合字雖爲吉也有興灾害及人若是十分無灾害只有厨門實可親

官字

官字臨門自要詳莫教安在大門場須妨公事親州府富貴中庭房自昌若要房門生貴子其家必定出

官廊富家人家有相壓庶人之屋實難量

刼字

刼字臨門不足誇家中日日事如麻更有害門相照看凶來疊疊禍無差兒孫行刼身遭苦作事因循害却家四惡四凶星不吉偷人物件害其佗

害字

害字安門用細尋外人多被外人臨若在內門多興禍家財必被賊來侵兒孫行門于害字作事須因破其家良匠若能明此理管教宅主永興隆

吉字

吉字臨門最是良中官內外一齊强子孫夫婦皆榮貴年年月月在蠶桑如有財門相照者家道興隆大吉昌使有凶神在傍位也無災害亦風光

本門詩

本子開門大吉昌尺頭尺尾正相當量來尺尾須當吉此到頭來財上量福祿乃爲門上致子孫必出好兒郎時師依此仙賢造千倉萬廩有餘糧

曲尺詩

一白惟如六白艮若然八白亦爲昌但將般尺來相
湊吉少凶多必主殃

曲尺之圖

一白二黑三碧四緑五黄六白七赤八白九紫一白

論曲尺根由

曲尺者有十寸一寸乃十分凡遇起造經營開門高
低長短度量皆在此上須當湊對魯般尺八寸吉
凶相度則吉多凶少爲佳匠者但用倣此大吉也

推起造何首合白吉星

魯般經營凡人造宅門門一須用準與不準及起造室院條緝事節須用準合陰陽然後使尺寸量度用合財吉星及三白星方爲吉其白外但則九紫爲小吉人要合魯般尺與曲尺上下相全爲好用尅定神人運宅及其年向首大利

按九天玄女裝門路以玄女尺算之每尺止得九寸有零却分財病離義官刼害本八位其尺寸長短不齊惟本門與財門相接最吉義門惟寺觀學舍義聚之所可裝官門惟官府可裝其餘民俗只裝

本門與財門相接最吉。大抵尺法各隨匠人所傳術者當依魯般經尺度爲法

論開門步數宜單不宜雙行惟一步三步五步七步十一步吉餘凶每步計四尺五寸爲一步于屋簷滴水處起步量至立門處得單步合前財義官本門方爲吉也

定盤眞人

凡創造屋宇先須用坦平地基然後隨大小濶狹安磉平正平者穩也次用一件木料長一丈四五尺有欝長短有人

用大四寸厚二寸中立表長短在四五尺內實用壓曲尺端正兩邊安八字射中心上繫一線重下弔石墜則為平正直也有實樣可驗

詩曰

世間萬物得其平全仗權衡及準繩創造先量基濶狹均分內外兩相停石磉切須安得正地盤先宜鎮中心定將真尺分平正良匠當依此法真

推造宅舍吉凶論

造屋基淺在市井中人魁之處或外濶內狹為或內濶外狹穿只得隨地基所作若內濶外乃名為蝌

穴屋則衣食自豐也其外濶則名爲檻口屋不爲
奇也造屋切不可前三直後二直則爲穿心栟不
吉如或新起栟不可與舊屋棟齊過俗云新屋插
舊棟不久便相送須用放低於舊屋則曰次棟又
不可直棟穿中門云穿心棟

三架屋後車三架法

造此小屋者切不可高大凡步柱只可高一丈零一
寸棟柱高一丈二尺一寸段深五尺六寸間濶一
丈一尺一寸次間一丈零一寸此法則相稱也

評曰

凡人創造三架屋般尺須尋吉上量濶狹高低依此法後來必出好兒郎

五架房子格

正五架三間拖後一柱步用一丈零八寸仲高一丈二尺八寸棟高一丈五尺一寸每段四尺六寸中間一丈三尺六寸次濶一丈二尺一寸地基濶狹則在人加減此皆壓白之法也

詩曰

三間五架屋偏奇按白量材實利宜住坐安然多吉慶橫財入宅不拘時

正七架三間格

七架堂屋大斤架造合用前後柱高一丈二尺六寸棟高一丈零六寸中間用潤一丈四尺三寸次潤一丈三尺六寸段四尺八寸地基潤窄高低深淺隨人意加減則爲之

詩曰

經營此屋好華堂並是工師巧主張富貴本由繩尺

得也須合用按陰陽

正九架五間堂屋格

凡造此屋步柱用高一丈三尺六寸棟柱或地基廣濶宜一丈四尺八寸段淺者四尺三寸成十分深高二丈二尺棟爲妙

詩曰

陰陽兩字最宜先鼎創興工好向前九架五間堂九天萬年千載福綿綿謹按先師眞尺寸管教富貴足庄田時人若不依仙法致使人家兩不然

鞦韆架

鞦韆架今人偷棟栟爲之吉人以如此造其中創閑耍坐起處則可依此格儘好

小門式

凡造小門者乃是塚墓之前所作兩柱前重在屋皮上出入不可十分長露出殺傷其家子媳不用使木作門蹄二邊使四隻將軍柱不宜大高也

欙樵亭

造此亭者四柱落地上三超四結果使平盤方中使

福海頂藏心柱十分要聳瓦蓋用暗鐙釘住則無
脫落四方可觀之

詩曰

枷梢門屋有兩般方直尖斜一樣言家有姦倫夜行
子須防橫禍及遭官

詩曰

此屋分明端正奇暗中爲禍少人知只因匠者多藏
素也是時師不細詳使得家門長退落緣他屋主大
限衰從今若要兒孫好除是從頭改過爲

造作門樓

新創屋宇開門之法一自外正大門而入次二重較門則就東畔開吉門須要屈曲則不宜大直內門不可較大外門用依此例也大凡人家外大門千萬不可被人家屋脊對射則不祥之兆也

論起廳堂門例

或起大廳屋起門須用好籌頭向或作槽門之時須用放高與第二重門同第三重却就栿梡起或作如意門或作古錢門與方勝門在主人意愛而爲

之如不做槽門只做都門作胡字門亦佳矣

詩日

大門安者莫在東不按仙賢法一同更被別人屋棟

射須教禍事叉重重

上下門○計六尺六寸　中戶門○計三尺三寸

小戶門○計一尺一寸

州縣寺觀門○計一丈一尺八寸濶

庶人門○高五尺七寸　濶四尺八寸

房門○高四尺七寸　濶二尺三寸

春不作東門夏不作南門秋不作西門冬不作北門

債不星逐年定局方位

戊癸年坤庚方甲巳年占辰方乙庚年兌坎寅方丙辛年占午方

丁壬年乾方

債不星逐月定局

大月初三初六十一十四十九廿二廿七日凶

小月初二初七初十十五十八廿三廿六日凶

庚寅日門大夫死甲巳日六甲胎神占門

塞門吉日宜伏斷閉目○忌丙寅己巳庚午丁巳

紅嘴朱雀　日庚午已卯戊子丁酉丙午乙卯

修門雜忌

九艮星年丁亥癸巳占大門○壬寅庚申占門○丁巳占前門○丁卯已卯占後門

耶公殺甲巳年占九月○乙庚占十一月○丙辛年占正月○丁壬年占三月○戊癸年占五月

逐月修造門吉日

正月癸酉外丁酉　二月甲寅　三月庚子外乙巳

四月甲子庚子外庚午　五月甲寅外丙寅

六月甲申甲寅外丙申庚申　七月丙辰　八月乙亥　九月庚午丙午　十月甲子乙未壬午庚子辛未外庚午　十一月甲寅　十二月戊寅甲寅甲子甲申庚子外庚申丙寅丙申

右吉日不犯朱雀天牢天火獨火九空死氣月破小耗天賊地賊天瘟受死氷消瓦陷陰陽錯月建轉殺四耗正四廢瓦土鬼伏斷火星九醜滅門離窠次地火四忌五窮耗絕庚寅門大夫死日白虎炙退三殺六甲胎神占門并債不星爲忌

門光星　大月從下數上　小月從上數下

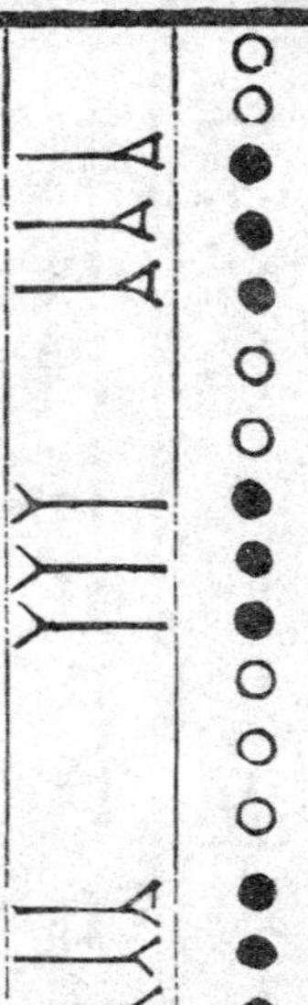

白圈者吉　人字損人　丫字損畜

門光星吉日定局

大月初一初二初三初七初八十二十三十四十八十九二十廿四廿五廿九三十日

小月初一初二初六初七十一十二十三十七十八十九廿三廿四廿八廿九日

總論

論門樓不可專主門樓經玉輦經誤人不淺故不編

入門向須避直冲尖射砂水路道惡石山均崩破孤峰枯木神廟之類謂之乘殺入門凶宜迎水迎山避水斜割悲聲經云以水爲朱雀者忌夫湍

論黃泉門路天機訣云庚丁坤上是黃泉乙丙須防巽水先甲癸向中休見艮辛壬水路怕當乾○犯主枉死少丁殺家長長病忤逆

庚向忌安單坤向門路水步丙向忌安單坤向門路水步乙向忌安單巽向門路水步丙向忌安單巽向門路水步甲向癸向忌安單艮向門路水步

辛壬向忌安單乾向門路水步

其法乃死絕處朝對官爲黃泉是也

詩曰

一兩棟簷水流相射大小常相罵此屋名爲暗箭山

人口不平安

據仙賢云屋前不可作欄杆上不可使立釘名爲暗

箭當忌之

郭璞相宅詩三首

屋前致欄杆名曰紙錢山家必多喪禍哭泣不會開

詩云

門高勝於廳後代絕人丁門高過於壁其家多哭泣

門扇兩榜欺夫婦不相宜家財當耗散眞是不爲量

五架屋諸式圖

五架樑栟或使方樑者又有使界板者及又槽搭楸

斗槺之類在主人之所爲也

五架後拖兩架

五架屋後添兩架此正按古格乃佳也今時人喚做

前淺後深之說乃生生笑隱上吉也如造正五架

者必是其基地如此別有實格式學者可驗之也

正七架格式

正七架樑指及七架屋川牌栟使斗槺或柱義桁並

由人造作有圖式可佳

王府宫殿

凡做此殿皇帝殿九丈五尺高王府七丈高飛簷

找角不必再白重拖五架前拖三架上截升拱天

花板及地量至天花板有五丈零三尺高殿上柱

頭七七四十九根餘外不必再記隨在加減中心

兩柱八角爲之天梁輔佐後無門俱大厚板片進
金上前無門俱掛硃簾左邊立五官右邊十二院
此與民間房屋同式直出明律門有七重俱有殿
名不必載之

司天臺式

此臺在欽天監左下層土磚石之類週圍八八六
十四丈濶高三十三丈下一十八層上分三十三
層此應上觀天文下察地理至上層週圍俱是冲
天欄杆其木裏方外圓東西南北及中央立起五

處旗杆又按天牌二十八面寫定二十八宿星主
上有天盤流轉各位星宿吉凶乾象臺上又有冲
天一直平盤闊方圓一丈三尺高七尺下四平脚
穿枋串進中立圓木一根閂上平盤者盤能轉欽
天監官每看天文立於此處
裝修正廳左右二邊四大孔水椹板先量每孔多少
高帶磉至一穿枋下有多少尺寸可分爲上下一
半下水椹帶腰枋每矮九寸零三分其腰枋只做
九寸三分大抱柱線平面九分窄上五分上起荷

葉線下起棋盤線腰枋上面亦然九分下起一寸
四分窄面五分下貼地楸貼仔一寸三分厚與地
楸盤厚中間分三孔或四孔㰖枋仔方圓一寸六
分閘尖一寸四分長前楣後楣比廳心每要高七
寸三分房間光顯冲欄二尺四寸五分大廳心門
框一寸四分厚二寸二分大底下四片或下六片
八寸要有零子舍箱間與廳心一同尺寸切忌兩
樣尺寸人家不和廳上前眉兩孔做門上截亮格
下截上行板門框起聰管線一寸四分大一寸八

分厚
正堂裝修與正廳一同上框門尺寸無二但腰枋帶下水椹比廳上尺寸每矮一寸八分若做一抹光水椹如上框門做上截起棋盤線或荷葉線平七分窄面五分上合角貼仔一寸二分厚其別雷同

寺觀庵堂廟宇式

架學造寺觀等行人門身帶斧器從後正龍而入立在乾位見本家人出方動手左手執六尺右手拿斧先量正柱次首左邊轉身柱再量直出山門

外止呌夥同人起手右邊上一抱柱次後不論大
殿中間無水樵或欄杆斜格必用粗大每筭正數
不可有零前欄杆三尺六寸高以應天星或門及
抱柱各様要筭七十二地星菴堂廟宇中間水樵
板比人家水樵每矮一寸八分起線抱柱尺寸一
同已載在前不白或做門或亮格尺寸俱矮一寸
八分廳上寳棹三尺六寸高每與轉身柱一般長
深四尺面前叠方三層每退黑一寸八分荷葉線
下兩層花板每孔要分成雙下脚或雕獅象挖脚

或做貼梢用二寸半厚記此

裝修祠堂式

凡做祠宇爲之家廟前三門次東西走馬廊又次之大廳廳之後明樓茶亭亭之後卽寢堂若裝修自三門做起至內堂止中門開四尺六寸二分濶一丈三尺三分高濶合得長天尺方在義官位上有等說官字上不好安門此是祠堂起不得官義二字用此二字子孫方有發達榮耀兩邊耳門三尺六寸四分濶九尺七寸高大吉財二字上此合

天星吉地德星况中門兩邊俱合格式家廟不比
尋常人家子弟賢否都在此處種秀又且寢堂及
廳兩廊至三門只可步步高兒孫方有尊卑毋小
期大之故做者深詳記之
裝修三門水椹城板下量起直至一穿上平分上
下一半兩邊演開八字水椹亦然如是大門二寸
三分厚每片用三箇暗串其門笋要圓門斗要扁
此開門方嚮爲吉兩廊不用裝架廳中心四大孔
水椹上下平分下截每矮七寸正抱柱三寸六分

大上截赿荷葉線下或一抹光或鬪尖的此尺寸在前可觀廳心門不可做四片要做六片吉兩邊房間及耳房可做大孔田字格或窗齒可合式其門後楣要留進退有式明樓不須架修其寢堂中心不用做門下做水椹帶地栿三尺五高上分五孔做田字格此要做活的內奉神主祖先春秋祭祀拿得下來兩邊水湛前有尺寸不必再白又前創做亮格門抱柱下馬蹄抱柱此亦用活的後學觀此謹宜詳察不可有悞

神廚搽式

下層三尺三寸高四尺脚每一片三寸三分大一寸四分厚下鎖脚方一寸四分大一寸三分厚要留出筭上盤仔二尺二寸深三尺三寸闊其框二寸五分大一寸三分厚中下兩串兩頭合角與框一般大吉角止佐半合角好開柱脚相二個五寸高四分厚中下土廚只做九寸深一尺窗齒欄杆止好下五根步步高上層柱四尺二寸高帶嶺在內柱子方圓一寸四分大其下六根中兩根係交

進的裏半做一尺二寸深外空一尺內中或做二層或做三層步步退墨上層下散柱二個分三孔耳孔只做六寸五分闊餘留中上拱樑二寸大拱樑上方樑一尺八大下層下嚾肎勒水前柱磉一寸四分高二寸二分大雕播荷葉前楣帶嶺八寸九分大切忌大了不威勢上或下火焰屏可分爲三截中五寸高兩邊三寸九分高餘或主家用大用小可依此尺寸退墨無錯

營寨格式

立寨之日先下纍杆次看羅經再看地勢山形生絕之處方令木匠伐木踏定裏外營壘內營方用廳者其木不俱大小止前選定二根下定前門中五直木九丈爲中央主旗杆內分間架裏外相串次看外營週圍疊分金木水火土中立二十八宿下休生傷杜日景死驚開此行文外代木交架而下週建祿角旗鎗之勢並不用木作之工但裏營要鉋砍找接下門之勞其餘不必木匠

涼亭水閣式

裝修四圍欄杆靠背下一尺五寸五分高坐板一尺三寸大二寸厚坐板下或橫下板片或十字掛欄杆上靠背一尺四寸高此上靠背尺寸在前不白斜四寸二分方好坐上至一穿枋做遮陽或做亮格門若下遮陽上油一穿下離一尺六寸五分是遮陽穿枋三寸大一寸九分厚中下二根斜的好開光窗

魯班木經卷一終

工師雕斵正式魯班木經匠家鏡卷之二

倉敖式

依祖格九尺六寸高七尺七分濶九尺六寸深枋每下四片前立二柱開門只一尺五寸七分濶下做一尺六寸高至一穿要留五尺二寸高上楣枋槍門要成對切忌成單不吉開之日不可內中飲食又不可用墨斗曲尺又不可柱枋上留字留墨學者記之切忌

橋梁式

凡橋梁無裝修或有神廚做或有欄杆者若從雙日而起自下而上若單日而起自西而東看屋幾高幾濶欄杆二尺五寸高坐櫈一尺五寸高

郡殿角式

凡殿角之式垂昂插序則規横深奥用升斗拱相稱深淺濶狹用合尺寸或地基濶二丈柱用高一丈不可走祖此爲大略言不盡意宜細詳之

建鐘樓格式

凡起造鐘樓用風字脚四柱並用渾成梗木宜高大

相稱散水不可大低低則掩鍾聲不響于四方更不宜在右畔合在左邊寺廊之下或有就樓盤下作佛堂上作平棊盤頂結中開樓盤心透上直見鐘作六角欄杆則風送鐘聲遠出於百里之外則爲吉也

建造禾倉格

凡造倉敖並要用名術之士選擇吉日良時興工匠人可先將一好木爲柱安向北方其匠人却歸左邊立執斧向內斫入則吉也或大小長短高低濶

狹皆用按二黑須然留下十寸八白則各有用處
其宅者合白但與故倉廒不同此用二黑則鼠耗
不侵此爲正例也

造倉禁忌并擇方所

造倉其間多有禁忌造作場上切忌將墨斗籤在于
口中銜又忌在作場之上吃食諸物其倉成後安
門匠人不可着草鞋入內只宜赤脚進去修造匠
後匠者凡依此例無不吉慶豐盈也

凡動用尋進向之年方大吉利有進益如遇背田破

田之年非特退氣又主荒却田園仍禾稻無收也

論逐月修作倉庫吉日

正月 丙寅 庚寅　二月 丙寅 己亥 庚寅 癸未 辛未　三月 己巳 乙巳 丙子 壬子

四月 丁卯 庚午 己卯　五月 己未　六月 庚申 甲寅 外甲申

七月 丙子 壬子　八月 乙丑 癸丑 乙亥 己亥　九月 庚午 壬午 丙午 戊午

十月 庚午 辛未 乙未 戊申　十一月 庚寅 甲寅 丙寅 壬寅　十二月 丙寅 甲寅 甲申 庚申 壬寅

五音造牛欄法

夫牛者本姓李元是大力菩薩切見凡間人力不及

特降天牛來助人力凡造牛欄者先須用術人揀

擇吉方切不可犯倒欄殺牛黃殺可用左畔是坑右右畔是田王牛犢必得長壽也

造欄用木尺寸法度

用尋向陽木一根作揀柱用近在人屋左畔牛性怍寒使牛温暖其柱長短尺寸用壓白不可犯在黑上舍下作欄者用東方採株木一根作左邊角柱用高六尺一寸或是二間四間不得作單間也人家各別椽子用合四隻則按春夏秋冬陰陽四氣則大吉也不可犯五尺五寸乃爲五黃不祥也干

萬不可使損壞的爲牛欄開門用合二尺六寸大
高四尺六寸乃爲六白按六畜爲好也若八寸係
八白則爲八敗不可使之恐損羣隊也

詩曰

魯般法度剏牛欄先用推尋吉上安必使工師求好
木次將尺寸細詳看但須不可當人屋實要相宜對
草崗時師依此規模作致使牛牲食祿寬

合音指詩

不堪巨石在欄前必主牛遭虎咬邅切忌欄前大水

窩主牛難使鼻難穿

又詩

牛欄休在污溝邊定墮牛胎損子連欄後不堪有行路主牛必損爛蹄肩

牛

牛黃一十起于坤二十還歸震巽門四十宫中歸乾位此是神仙妙訣根

定牛入欄刀砧詩

春天大忌亥子位夏月須在寅卯方秋日休逢在巳

午冬時申酉不可裝

起欄日辰

起欄不得犯空亡犯著之時牛必亡癸日不堪行起造牛瘟必定兩相妨

占牛神出入

三月初一日牛神出欄九月初一日牛神歸欄宜修造大吉也牛黃八月入欄至次年三月方出並不可修造大凶也

造牛欄樣式

凡做牛欄主家中心用羅線踃看做在奇羅星上吉門要向東切忌向北此用雜木五根爲柱七尺七寸高看地基寬窄而佐不可取方圓依古式八尺二寸深六尺八寸濶下中上下枋用圓木不可使扁枋爲吉

住門對牛欄羊棧一同看年年官事至牢獄出應難

論逐月造作牛欄吉日

正月　庚寅　二月　戊寅　三月　己巳

四月　庚午壬午　五月　己巳壬辰丙辰乙未　六月　乙未庚申甲申

七月戊申庚申　八月乙丑　九月甲戌
十月甲子庚子壬子丙子　十一月乙亥庚寅　十二月乙丑丙寅戊寅甲寅
右不犯魁罡絢絞牛火血忌牛飛廉牛腹脹牛刀
砧天瘟九空受死大小耗土鬼四廢

五音造羊棧格式

按啚經云羊本姓朱人家養羊作棧者用選好素菜菓子好椑樹之類爲好四柱乃像四時四季生花緣子長青之木爲美最忌切不可使枯木柱子用八條乃按八節柱子用二十四根乃按二十四炁前高四

尺一寸下三尺六寸中間作羊栟並用就地三尺四寸高主生羊子綿綿不絶長遠成羣吉不可信實爲大驗也

紫氣上宜安四柱三尺五寸高深六尺六寸闊四尺零二寸柱子方圓三寸三分大長枋二十六四根短枋共四根中直下䆗齒每孔分一寸八分空齒仔二寸二分大門開向西方吉底上止用小竹串進要疏些不用密

逐月作羊棧吉日

正月 丁卯戊寅巳卯甲寅丙寅　二月 戊寅庚寅　三月 丁卯巳卯甲申己巳
四月 庚子癸丑庚午丙子丙午　五月 壬辰癸丑乙丑丙辰　六月 甲申壬辰庚申辛酉辛亥
七月 庚子壬子甲午庚申戊申　八月 壬辰壬子癸丑甲戌丙辰　九月 癸丑辛酉丙戌
十月 庚子壬子甲午庚子　十一月 戊寅庚寅壬辰甲寅丙辰　十二月 戊寅癸丑甲寅甲子乙丑
右吉日不犯天瘟天賊九空受死飛廉血忌刀砧小耗大耗九土鬼正四廢凶敗

馬廄式

此亦看羅經一德星在何方做在一德星上吉門向東用一色杉木忌雜木立六根柱子中用小圓樑二根扛過好下夜間掛馬索四圓下高水樋板每

邊用模方四根纔堅固馬多者隔斷幾間每間三尺三寸濶深馬槽下向門左邊吉

馬槽樣式

前脚二尺四寸後脚三尺五寸高長三尺闊一尺四寸柱子方圓三寸大四圍橫下板片下脚空一尺高

馬鞍架

前二脚高三尺三寸後二隻二尺七寸高中下半柱每高三寸四分其脚方圓一寸三分大闊八寸二分上三根直枋下中腰每邊一根橫每頭二根前

二脚與後正脚取平但前每上高五寸上下搭頭

好放馬鈴

逐月作馬枋吉日

正月丁卯巳卯庚午　二月辛未丁未己未　三月丁卯巳卯甲申乙巳

四月甲子戊子庚子庚午　五月辛未壬辰丙辰　六月辛未乙亥甲申庚申

七月甲子戊子丙子庚子壬子辛未　八月壬辰乙丑甲戌丙辰　九月辛酉

十月甲子辛未庚子壬午庚午乙未　十一月辛未壬辰乙亥　十二月甲子戊子庚子丙寅甲寅

猪欄樣式

此亦要看三台星居何方做在三台星上方吉四柱

二尺六寸高方圓七尺橫下穿枋中直下大粗窗齒用雜方堅固猪要向西北艮工者識之初學切忌亂爲

逐月作猪椆吉日

正月丁卯戊寅　二月乙未戊寅癸未己未　三月辛卯丁卯己巳

四月甲子戊子庚子甲午丁丑癸丑　五月甲戌乙未丙辰　六月甲申

七月甲子戊子庚子壬子戊申　八月甲戌乙丑癸丑　九月甲戌辛酉

十月甲子乙未庚子壬午庚午辛未　十一月丙辰　十二月甲子庚子壬子戊寅

六畜肥日

春申子辰　夏亥卯未　秋寅午戌　冬巳酉丑日

鵞鴨鷄棲式

此看禽大小而做安貪狼方鵞棡二尺七寸高深四尺六寸潤二尺七寸四分週圍下小窗齒每孔分一寸潤鷄鴨棡二尺高三尺三寸深二尺三寸闊柱子方圓二寸半此亦看主家禽鳥多少而做學者亦用自思之

鷄槍様式

兩柱高二尺四寸大一寸二分厚一寸樑大二寸五

分一寸二分大窗高一尺三寸闊一尺二寸六分
下車脚二寸大八分厚中下齒仔五分大八分厚
上做滔環二寸四大兩邊槳腿與下層窗仔一般
高每邊四寸大

屏風式

大者高五尺六寸帶脚在內闊六尺九寸琴脚六寸
六分大長二尺雕日月掩象鼻格槳腿二尺四分
高四寸八分大四框一寸六分大厚一寸四分外
起改竹圓內起棋盤線平面六分窄面三分絛環

上下俱六寸四分要分成單下勒水花分作兩孔

雕四寸四分相屋闊窄餘大小長短依此長做此

圍屏式

每做此行用八片小者六片高五尺四寸正每片大

一片四寸三分零四框八分大六分厚做成五分

厚算定共四寸厚內較田字格六分厚四分大做

者切忌碎框

牙轎式

宦家明轎徛下一尺五寸高屏一尺二寸高深一尺

四寸闊一尺八寸上圓手一寸三分大斜七分纔

圓轎杠方圓一寸五分大下踃帶轎二尺三寸五

分深

衣籠樣式

一尺六寸五分高二尺二寸長一尺三寸大上蓋役

九分一寸八分高蓋上板片三分厚籠板片四分

厚內子口八分大三分厚下車脚一寸六分大或

雕三灣車脚上要下二根橫櫎仔此籠尺寸無加

木牀

下脚帶求方共高二尺二寸二分正床方七寸七分大或五寸七分大上屏四尺五寸二分高後屏二片兩頭二片闊者四尺零二分窄者三尺二寸三分長六尺二寸正領一寸四分厚做大小片下中間要做陰陽相合前踏板五寸六分高一尺八寸闊前梢帶頂一尺零一分下門四片每片一尺四分大上腦板八寸下穿籐一尺八寸零四分餘留下板片門框一寸四分大一寸二分厚下門檻一寸四分三接裏面轉芝門九寸二分或九寸九分

切忌一尺大後學專用記此

涼床式

此與藤床無二樣但踏板上下欄杆要下長柱子四根每根一寸四分大上楣八寸大下欄杆前一片左右兩二萬字或十字掛前二片止作一寸四分大高二尺二寸五分橫頭隨踃板大小而做無悮

藤床式

下帶床方一尺九寸五分高長五尺七寸零八分闊三尺一寸五分半上柱子四尺一寸高半屏一尺

八寸四分高床嶺三尺闊五尺六寸長框一寸三分厚床方五寸二分大一寸二分厚起一字線好穿籐踏板一尺二寸大四寸高或上框做一寸二分後脚二寸六分大一寸三分厚半合角記

逐月安牀設帳吉日

正月　丁酉癸酉丁卯己卯癸丑　二月　丙寅甲寅辛未乙未己未乙亥己亥庚寅

三月　甲子庚子丁酉乙卯癸酉乙巳　四月　丙戌乙卯癸卯庚子甲子庚辰

五月　丙寅甲寅辛未乙未己未丙辰壬辰庚寅　六月　丁酉乙亥丁亥癸酉丙寅甲寅乙卯

七月　甲子庚子辛未乙未丁未　八月　乙丑丁丑癸丑乙亥

九月庚午丙午丙子　十月甲子丁酉丙辰
辛卯乙亥　丙戌庚子
十一月甲寅丁亥　十二月乙丑丙寅甲寅
乙亥丙寅　甲子丙子庚子

禪床式

此寺觀庵堂纔有這做在後殿或禪堂兩邊長依屋寬窄但闊五尺面前高一尺五寸五分床矮一尺前平面板八寸八分大一寸二分厚起六个柱每柱三寸方圓上下一穿方好掛禪衣及帳幃前平面板下要下水椹板地上離二寸下方仔盛板片其板片要密

禪椅式

一尺六寸三分高一尺八寸二分深一尺九寸五分深上屏二尺高兩力手二尺二寸長柱子方圓一寸三分大屏上七寸下七寸五分出笋三寸閂枕頭下盛脚盤子四寸三分高一尺六寸長一尺三寸大長短大小倣此

鏡架勢及鏡箱式

鏡架及鏡箱有大小者大者一尺零五分深闊九寸高八寸零六分上層下鏡架二寸深中層下抽箱

一寸二分下層抽箱三尺葢二寸零五分底四分
厚方圓雕車脚內中下鏡架七寸大九寸高若雕
花者雕雙鳳朝陽中雕古錢兩邊睡草花下佐連
花托此大小依此尺寸退墨無悞

雕花面架式

後兩脚五尺三寸高前四脚二尺零八分高每落墨
三寸七分大方能役轉雕刻花草此用樟木或楠
木中心四脚摺進用陰陽笋共闊一尺五寸二分
零

棹

高二尺五寸長短闊狹看按面而做中分兩孔按面厚花箱或六寸深或五寸深或分三孔或兩孔下踃脚方與脚一同大一寸四分厚高五寸其脚方員一寸六分大起麻横線

八仙棹

高二尺五寸長三尺三寸大二尺四寸脚一寸五分大若下爐盆下層四寸七分高中間方員九寸八分無悞勒水三寸七分大脚上方員二分線棹框

二寸四分大一寸二分厚時師依此式大小必無

一悞

小琴棹式

長二尺三寸大一尺三寸高二尺三寸脚一寸八分

大下梢一寸二分大厚一寸一分上下琴脚勒水

二寸大斜�六分或大者放長尺寸與一字棹同

棋盤方棹式

方圓二尺九寸三分脚二尺五寸高方員一寸五分

大棹框一寸二分厚二寸四分大四齒吞頭四箇

每箇七寸長一寸九分大中截下緣環脚或人物

起麻出色線

圓棹式

方三尺零八分高二尺四寸五分面厚一寸三分串

進兩半邊做每邊棹脚四隻二隻大二隻半邊做

合進都一般大每隻一寸八分大一寸四分厚四

圍三灣勒水餘倣此

一字棹式

高二尺五寸長二尺六寸四分闊一尺六寸下梢一

寸五分方好合進做八仙棹勒水花牙三寸五分
大棹頭三寸五分長框一寸九分大一寸二分厚
框下關頭八分大五分厚

摺棹式

框一寸三分厚二寸二分大除框脚高二尺三寸七
分正方圓一寸六分大下要稍去些豹脚五寸七
分長一寸一分厚二寸三分大雕雙線起雙鉤每
脚上要二筭鬪豹脚上方穩不會動

案棹式

高二尺五寸長短闊狹看按面而做中分兩孔按面

下抽箱或六寸深或五寸深或分三孔或兩孔下

踏脚方與脚一同大一寸四分厚高五寸其脚方

圓一寸六分大起麻擴線

搭脚仔櫈

長二尺二寸高五寸大四寸五分大脚一寸二分大

一寸一分厚面起釰春線脚上廳竹圓

諸樣垂魚正式

凡作垂魚者用按營造之正式令人又欲作繁針如

用此又用做遮風及偃𢷎者方可使之今之匠人又有不使垂魚者只使直板作如意只作雕雲樣者亦好皆在主人之所好也

駝峰正格

駝峰之格亦無正樣或有雕雲樣或有做氊笠樣又有做虎爪如意樣又有雕瑞草者又有雕花頭者有做毬捧格又有三蚌或今之人多只愛使斗笠又童乃爲時格也

風箱樣式

長三尺高一尺一寸闊八寸板片八分厚內開風板六寸四分大九寸四分長抽風横仔八分大四分厚扯手七寸四分長抽風横仔八分大四分厚扯手七寸長方圓一寸大出風眼要取方圓一寸八分大平中爲主兩頭吸風眼每頭一箇闊一寸八分長二寸二分四邊板片都用上行做準

衣架雕花式

雕花者五尺高三尺七寸闊上搭頭每邊長四寸四分中縧環三片桨腿二尺二寸五分大下脚一尺

五寸三分高柱框一寸四分大一寸二分厚

素衣架式

高四尺零一寸大三尺下脚一尺二寸長四寸四分大柱子一寸二分大厚一寸上搭腦出頭二寸七分中下光框一根下二根窗齒每成雙做一尺三分高每眼齒仔八分厚八分大

面架式

前兩柱一尺九寸高外頭二寸三分後二脚四尺八寸九分方員一寸一分大或三脚者內要交象眼

鬭筍畫進一寸零四分斜六分無悞

鼓架式

二尺二寸七分高四脚方圓一寸二分大上雕淨瓶頭三寸五分高上層穿枋仔四八根下層八根上層雕花板下層下絛環或做八方者柱子横橫仔尺寸一樣但畫眼上每邊要斜三分半筍是正的此尺寸不可走分毫謹此

銅鼓架式

高三尺七寸上搭腦雕衣架頭花方圓一寸五分大

兩邊柱子俱一般起棋盤線中間穿枋仔要三尺
高銅鼓掛起便手好打下脚雕屏風脚樣式槳腿
一尺八寸高三寸三分大

花架式

大者六脚或四脚或二脚六脚大者中下騎相一尺
七寸高兩邊四尺高中高六尺下枋二根每根三
寸大直枋二根三寸大直枋二根三寸大五尺闊
七尺長上盛花盆板一寸五分厚八寸大此亦看
人家天井大小而做只依此尺寸退墨有準

涼傘架式

三尺三寸高二尺四寸長中間下傘柱仔二尺三寸高帶琴脚在內算中柱仔二寸二分大一寸六分厚上除三寸三分做淨平頭中心下傘𣔟一寸三分厚二寸二分大下托傘柄亦然而是兩邊柱子方圓一寸四分大窻齒八分大六分厚琴脚五寸大一寸六分厚一尺五寸長

校椅式

做椅先看好光梗木頭及節次用解開要乾枋纔下

手做其柱子一寸大前脚二尺一寸高後脚二尺九寸三分高盤子深一尺二寸六分闊一尺六寸七分厚一寸一分屏上五寸大下六寸大前花牙一寸五分大四分厚大小長短依此格

板櫈式

每做一尺六寸高一寸三分厚長三尺八寸五分櫈要三寸八分半長脚一寸四分大一寸二分厚花牙勒水三寸七分大或看櫈面長短及粗櫈尺寸一同餘倣此

琴櫈式

大者看廳堂闊狹淺深而做大者高一尺七寸面二寸五分厚或三寸厚卽歒坐不得長一丈三尺三分櫈面一尺三寸三分大脚七寸分大雕捲草雙鈎花牙四寸五分半櫈頭一尺三寸一分長或脚下做貼仔只可一寸三分厚要除矮脚一寸三分纔相稱或做靠背櫈尺寸一同但靠背只高一尺四寸則止橫仔做一寸二分大一尺五分厚或起棋盤線或起釰脊線雕花亦如之不下花者同樣

餘長短寬濶在此尺寸上分準此

杌子式

面一尺二寸長闊九寸或八寸高一尺六寸頭空一寸零六分畫眼脚方圓一寸四分大面上眼斜六分半下櫎仔一寸一分厚起釰脊線花牙三寸五分

大方扛箱樣式

柱高二尺八寸四層下一層高八寸二層高五寸三層高三寸七分四層高三寸三分葢高二寸空一

寸五分櫟一寸五分上淨瓶頭共五寸方層板片
四分半厚內子口三分厚八分大兩根將軍柱一
寸五分大一寸二分厚槳脚四隻每隻一尺九寸
五分高四寸大每層二尺六寸五分長一尺六寸
闊下車脚二寸二分大一寸二分厚合角鬥進雕
虎爪雙的

衣廚樣式

高五尺零五分深一尺六寸五分闊四尺四寸平分
爲兩柱每柱一寸六分大一寸四分厚下衣櫎一

寸四分大一寸三分厚上嶺一寸四分大一寸二
分厚門框每根一寸四分大一寸一分厚其廚上
梢一寸二分

食格樣式

柱二根高二尺二寸三分帶淨平頭在內一寸一分
大八分厚樑尺分厚二寸九分大長一尺六寸一
分闊九寸六分下層五寸四分高二層三寸五分
高三層三寸四分高葢三寸高板片三分半厚裏
子口八分大三分厚車脚二寸大八分厚槳腿一

尺五寸三分高三寸二分大餘大小依此退墨做

衣摺式

大者三尺九寸長一寸四分大內柄五寸厚六分小者二尺六寸長一寸四分大柄三寸八分厚五分

此做如劍樣

衣箱式

長一尺九寸二分大一尺六分高一尺三寸板片只用四分厚上層葢一寸九分高子口出五分或下車脚一寸三分大五分厚車脚只是三灣

燭臺式

高四尺柱子方圓一寸三分大分上盤仔八寸大三分倒掛花牙每一隻脚下交進三片每片高五寸二分雕轉鼻帶葉交脚之時可拿板片畫成方員八寸四分定三方長短照墨方準

圓爐式

方圓二尺一寸三分大帶脚及車脚共上盤子一應高六尺五分正上面盤子一寸三分厚加盛爐盆貼仔八分厚做成二寸四分大豹脚六隻每隻二

寸一寸三分厚下貼梢一寸厚中圓九寸五分

看爐式

九寸高方圓二尺四分大盤仔下絲環二寸框一寸厚一寸六分大分佐亦方下豹脚脚二寸二分大一寸六分厚其豹脚要雕吞頭下貼梢一寸五分厚一寸六分大雕三灣勒水其框合角笋眼要斜八分半方閗得起中間孔方員一尺無悞

方爐式

高五寸五分圓尺內圓九寸三分四脚二寸五分大

雕雙蓮挽雙鉤下貼梢一寸厚二寸大盤仔一寸二分厚繇環一寸四分大雕螳螂肚接豹脚相稱

香爐樣式

細樂者長一尺四寸闊八寸二分四框三分厚高一寸四分底三分厚與上樣樣闊大框上斜三分上如水邊三分厚六分大起厰竹線下豹脚下六隻方圓八分大一寸二分大貼梢三分厚七分大雕三灣車脚或粗的不用豹脚水邊寸尺一同又大小做者尺寸依此加減

学士燈掛

前柱一尺五寸五分高後柱子二尺七寸高方圓一寸大盤子一尺三寸闊一尺一寸深框一寸一分厚二寸二分大切忌有節樹木無用

香几式

凡做香几要看人家屋大小若何而大者上層三寸高二層三寸五分高三層脚一尺三寸長先用六寸大後做一寸四分大下層五寸高下車脚一寸五分厚合角花牙五寸三分大上層欄杆仔三寸

二分高方圓做五分大餘看長短大小而行

招牌式

大者六尺五寸高八寸三分闊小者三尺二寸高五寸五分大

洗浴坐板式

二尺一寸長三寸大厚五分四圍起劒脊線

藥廚

高五尺大一尺七寸長六尺中分兩眼每層五寸分作七層每層抽箱兩個門共四片每邊兩片脚方

圓一寸五分大門框一寸六分大一寸一分厚抽

箱板四分厚

藥箱

二尺高一尺七寸大深九中分三層內下抽箱只做

二寸高內中方圓交做幾孔如田字格樣好下藥

此是杉木板片合進切忌雜木

火斗式

方圓二寸五分高四寸七分板片三分半厚上柄柱

子共高八寸五分方圓六分大下或刻車脚上掩

火窗齒仔四分大五分厚橫二根直六根或五根此行燈檠高一尺二寸下盛板三寸長一封書做一寸五分厚上留頭一寸三分照得遠近無悞

櫃式

大櫃上框者二尺五寸高長六尺六寸四分橫二尺三寸下腳高七寸或下轉輪閂在腳上可以推動四柱每柱三寸大二寸厚板片下叩框方密小者板片合進二尺四寸高二尺八寸闊長五尺零二寸板片一寸厚板此及量斗及星跡各項謹記

象棋盤式

大者一尺四寸長共大一尺二寸內中間河路一寸二分大框七分方圓內起線三分方圓橫共十路直共九路河路笋要內做重貼方能堅固

圍棋盤式

方圓一尺四寸六分框六分厚七分大內引六十四路長通路七十二小斷路板片只用三分厚

算盤式

一尺二寸長四寸二分大框六分厚九分大起碗底

線上二子一寸一分下下五子三寸一分長短大
小看子而做

茶盤托盤樣式

大者長一尺五寸五分闊九寸五分四框一寸九分
高起邊線三分半厚底三分厚或做斜托盤者板
片一盤子大但斜二分八鏊底是鐵釘釘住大小
依此格加減無悮有做八角盤者每片三寸三分
長一寸六分大三分厚共八片每片斜二分半中
笋一個陰陽交進

手水車式

此做踃水車式同但只是小這箇上有七尺長或六尺長水廂四寸高帶面上粱貼仔高九寸車頭用兩片樟木板二寸半大閂在車廂上面輪上鬬板剌依然八箇二寸長車手二尺三寸長餘依前踃車尺寸扯短是

踏水車

四人車頭粱八尺五寸長中截方兩頭圓除中心車槽七寸闊上下車板剌八片次分四人已闊下十

字橫仔一尺三寸五分長橫仔之上閘棰仔圓的
方圓二寸六分大三寸二分長兩邊車脚五尺五
寸高柱子二寸五分大下盛盤子長一尺六寸正
一尺大三寸厚方穩車桶一丈二尺長下水廂八
寸高五分厚貼仔一尺四寸高共四十八根方圓
七分大上車面梁一寸六分大九分厚與水廂一
般長車底四寸大八分厚中一龍舌與水廂一樣
長二寸大四分厚下尾上樾水仔圓的方圓三寸
大五寸長刺水板亦然八片關水板骨八寸長大

一寸零二分一半四方一半薄四分做陰陽笋閅
在拴骨上板片五寸七分大共記四十八片關水
板依此樣式尺寸不悞

推車式

凡做推車先定車屑要五尺七寸長方圓一寸五分
大車軏方圓二尺四寸大車角一尺三寸長一寸
二分大兩邊棋鎗一尺二寸五分長每一邊三根
一寸厚九分大車軏中間横仔一十八根外軏板
片九分厚重外共一十二片合進車脚一尺二寸

高鎖脚八分大車上盛羅盤羅盤六寸二分大一寸厚此行俱用硬樹的方堅勞固

牌扁式

看人家大小屋宇而做大者八尺長二尺大框一寸六分大一寸三分厚內起棋盤線中下板片上行下

魯班經卷二終

工師雕斵正式魯班木經匠家鏡卷之三

相宅秘訣

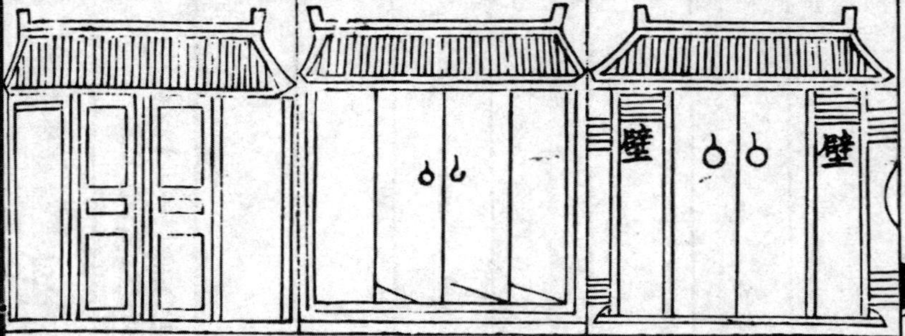

門高勝於
廳後代絕
人丁
門高勝於
壁其法多
哭泣
門扇或斜
斯夫婦不
相宜
家財常耗
散更防人
謀散
門柱補接
主凶災仔
細巧安排
上頭目患
中勞吐下
補脚疾苦

門柱不端
正斜欹多
招病
家退禍頻
生人亡空
怨命
門邊土壁要
一般左大換
妻更遭官右
邊或大勝左
邊孤寡兒孫
常叫天
門上莫作
仰供裝此
物不爲祥
兩邊相指
或無升論
訟口交爭

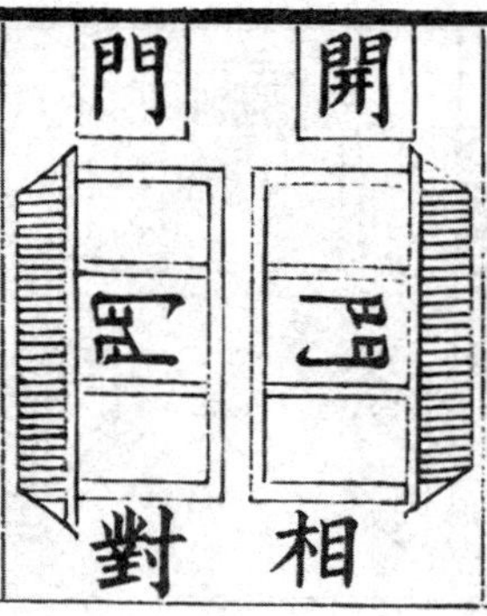

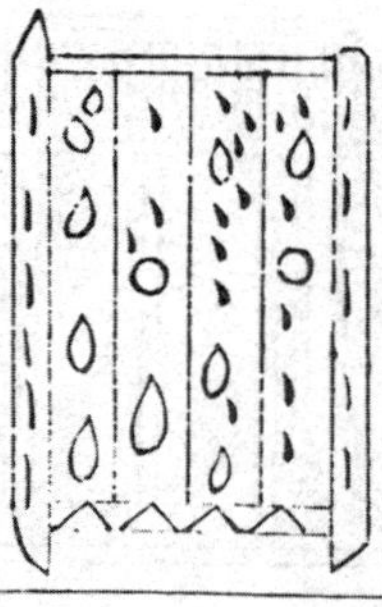

門前壁破街
磚缺家中長
不悅小口杜
死藥無醫急
要修整莫遲
遲
二家不可
門相對必
主一家退
開門不得
兩相衝必
有一家凶
門板莫令
多柄節生
瘡疥不歇
三三兩兩
或成行徒
配出軍郎

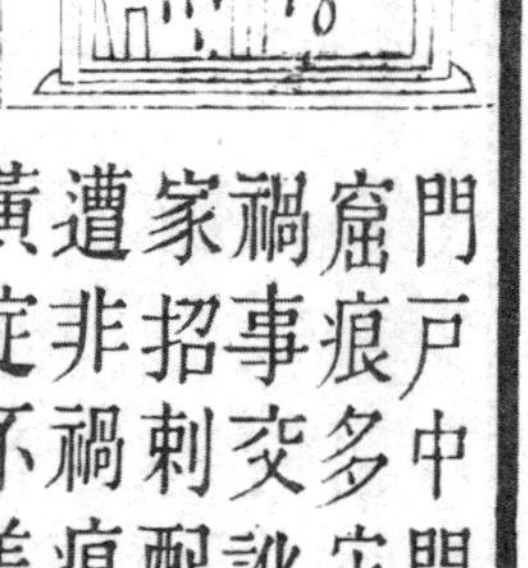

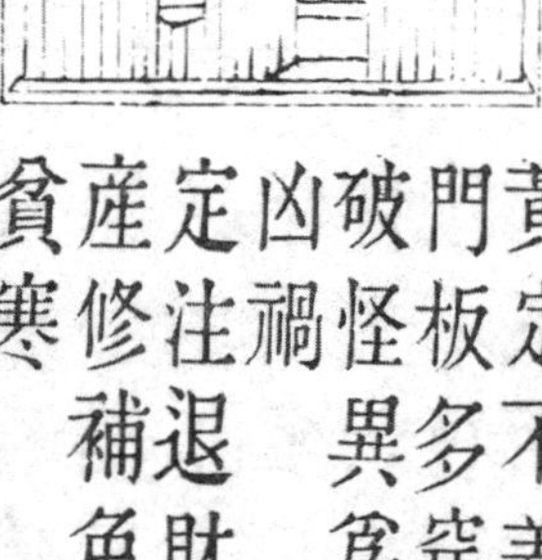

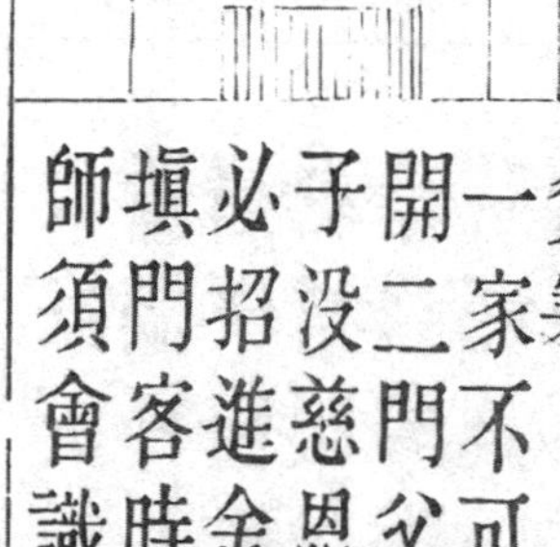

門戶中間
窟痕多灾
禍事交訛
家招刺配
遭非禍瘟
黃定不差
門板多穿
破怪異爲
凶禍
定注退財
產修補免
貧寒
一家不可
開二門父
子沒慈恩
必招進舍
塡門客時
師須會識

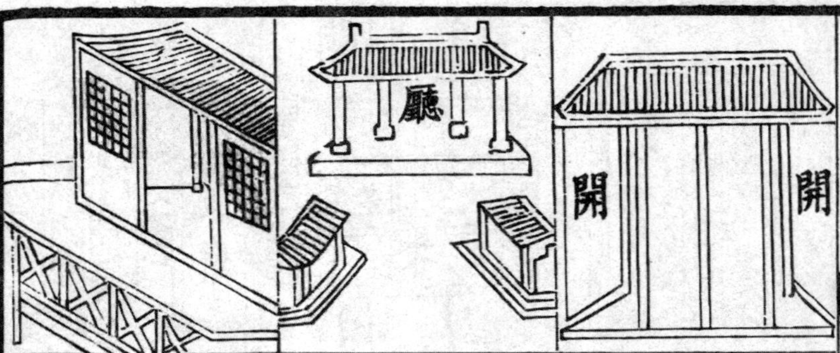

一家若作
兩門出鰥
寡多冤屈
不論家中
正主人大
小自相麦
廳屋兩頭
有屋橫吹
禍起紛紛
便言名日
擡喪山人
口不平安
門外置欄
杆名日紙
錢山
家必
禍栖多喪
可憐惶實

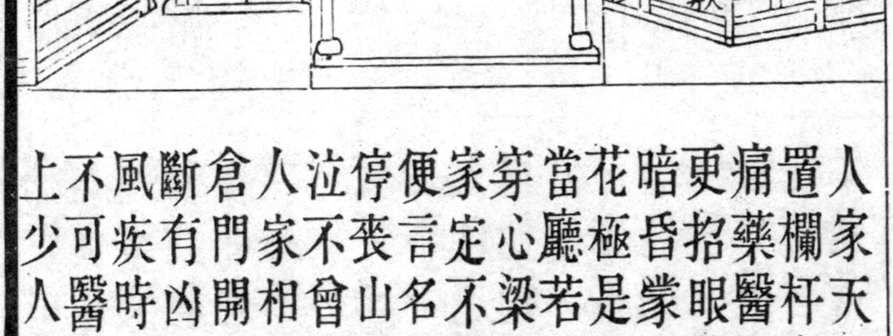

人家天井
置欄杆心
痛藥醫難
更招眼障
暗昏嵘雕
花極是凶
當廳若作
穿心梁其
家定不祥
便言名曰
停喪山哭
泣不曾閑
人家相對
倉門開定
斷有凶灾
風疾時時
不可醫世
上少人知

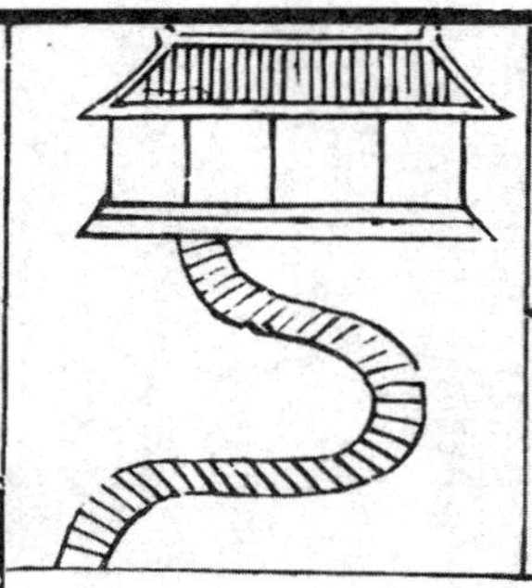

西廊壁枋不相接必主相離別更出人心不伶俐疾病誰醫治人家方畔有禾倉定有寡母坐中堂若然架在天醫位却宜醫術正相當路如牛尾不相和頭尾翻舒反背吟父子相離眞未免女人要嫁待何如

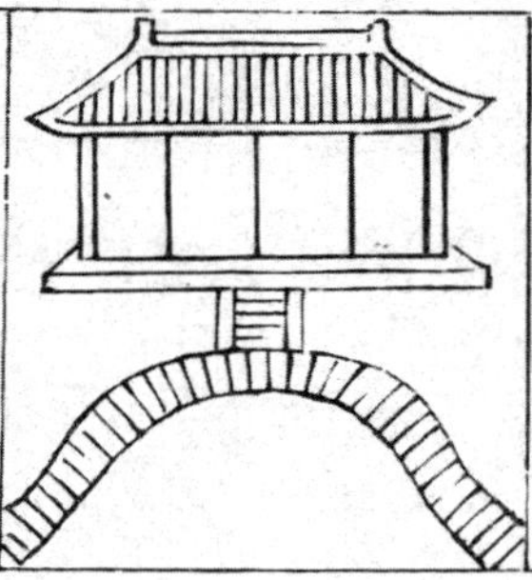

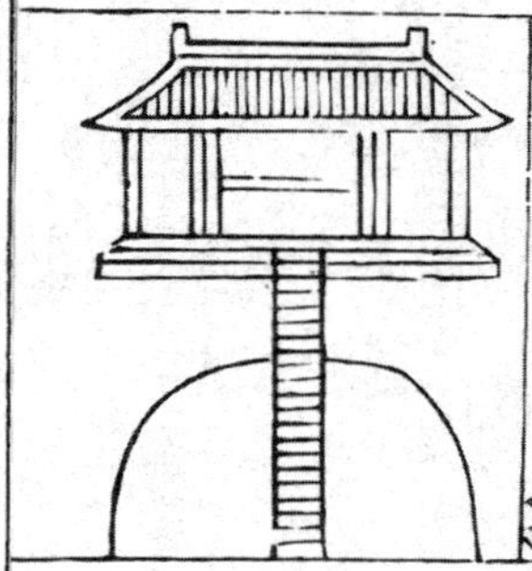

禾倉有后作房間名爲疾病出連年困臥不離床勞病最恓惶有路行來似鐵了父南子北不寧家更言一拙誠堪拙典賣田園難免他路若鈔羅與銅角積招疾病無人覺瘟瘟痳痘若相侵痢疾師巫方有法

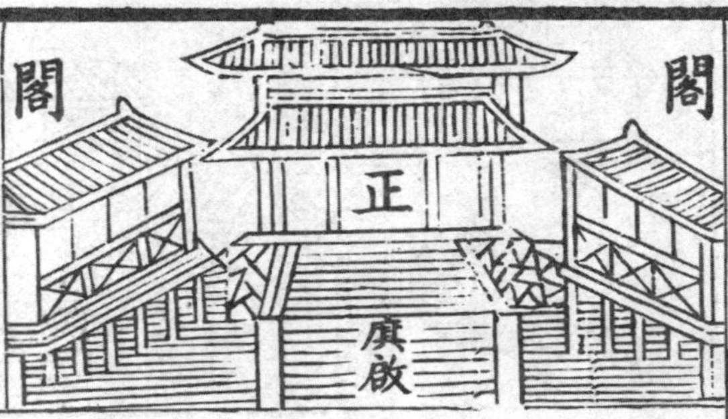

人家不宜
居水閣過
房并接脚
兩邊池水
太侵門流
傳兒孫好
大脚
方來不滿破
分田十相八
中有不全成
敗又多徒費
力生離出去
豈無還

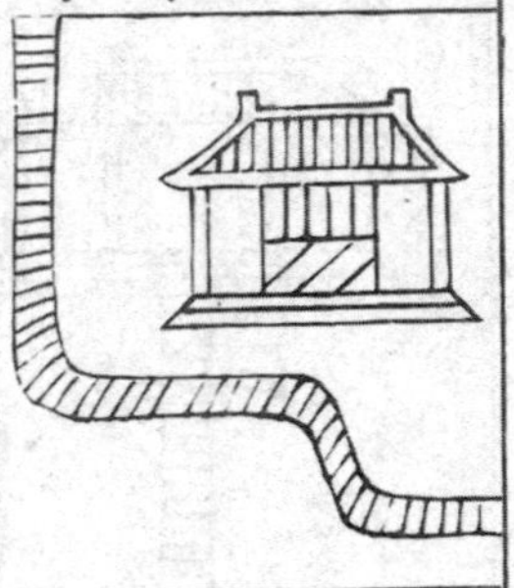

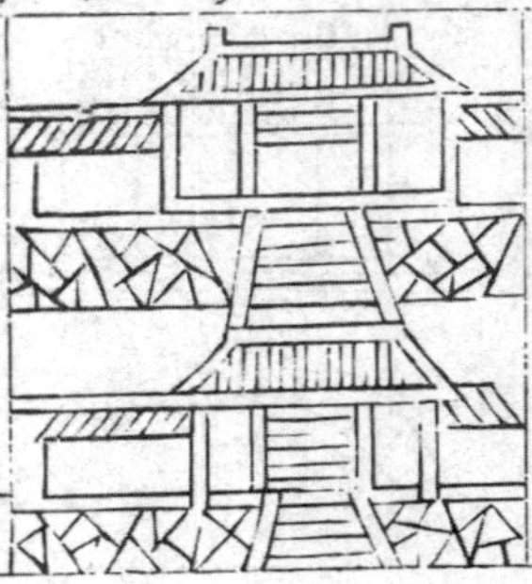

故身一路橫
哀哉屈屈來
朝入亢蛇家
宅不安死外
地不宜墻壁
反教餘
門高叠叠似
靈山但合僧
堂道院看一
直到門無曲
折其家終冷
也孤單
四方平正名
金斗富足田
園糧萬畝籬
墻回環無破
陷年年進益
添人口

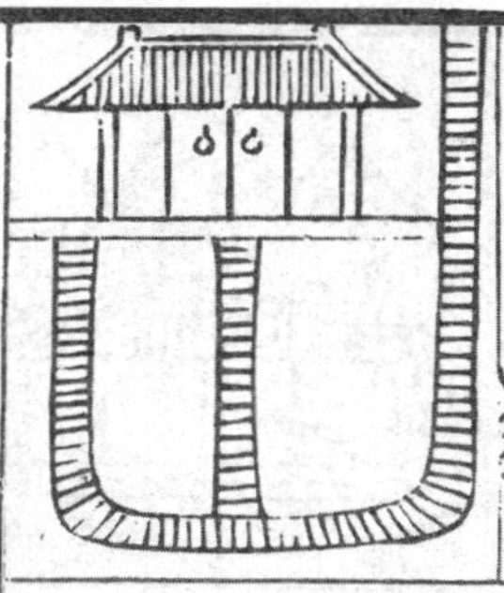
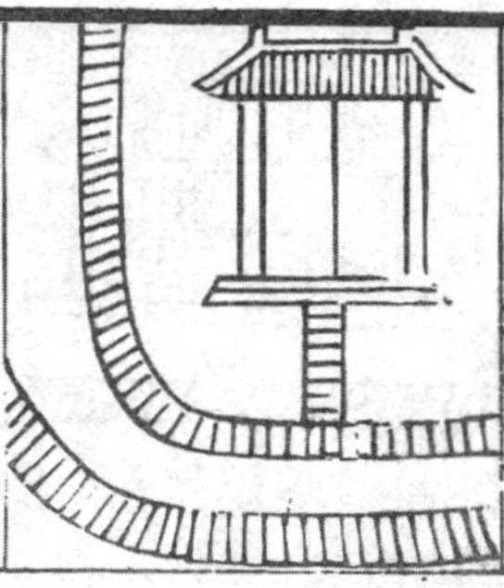
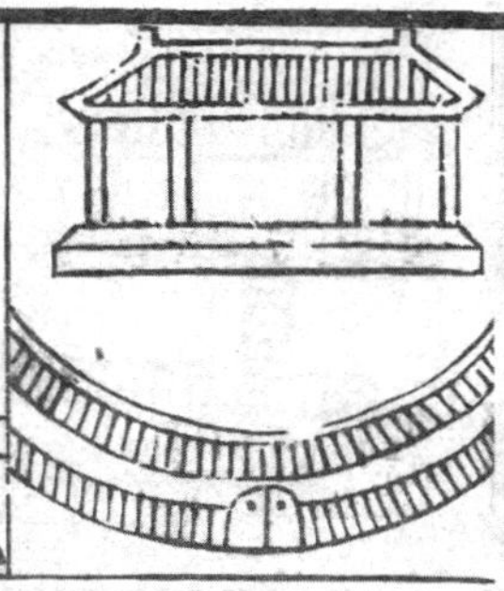

墻垣如弓抱，多日進田山。富足人財好，更有清貴官。

一重城抱一，江纏若有重。成積産錢雖，是富榮無禍。患秖宜抱子，度晚年。展帛圓來欲，捲舒辦錢田。卽在方隅中，男長位須先。發人言此位，鬼神扶。

屋前行路漸漸大，人口常安泰。更有朝水向前來，日日進錢財。南方若還有尖石，代代火燒宅。大高火起火成山，燒盡不爲難。品岩嵯峨似淨瓶，家出素衣僧。更主人家出孤寡，官更相傳有。

石雖屋後
起三堆倉
庫積禾囤
石藏屋後
二般般潭
且更清閑
路如丁字損
人丁前低蕩
去不堪行或
然平生猶輕
可也主離鄉
亦主貧
左邊七字
須端正方
斷財山定
或然一似
死鴨形日
曰鬧相爭

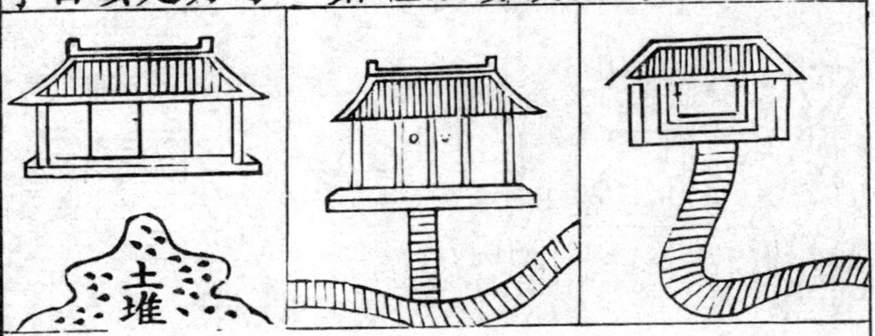

路如跪膝不
風光輕輕乍
富便更張只
因笑死渾常
事腳病常常
不離床
路成八字事
難逃有口何
能下一挑死
別生離爭似
苦門前有此
非吉兆
土堆似人攔
路抵自縊不
由賢若在田
中却是吉名
爲印綬保下
年

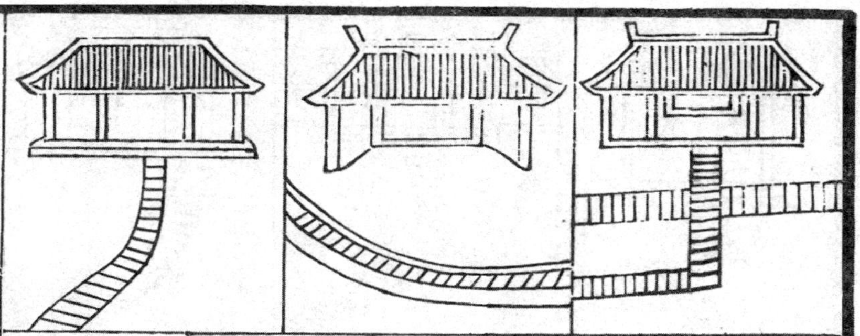

若見門前七字去，斷作辨金路。其家富貴足錢財，金玉似山堆。右邊墻路如直出，時時叫冤屈。怨嫌無好丈夫兒，代代出生離。路如衣帶細，參詳歲歲灾。危及位當自嘆，資身多耗散，頻頻退失好悽惶。

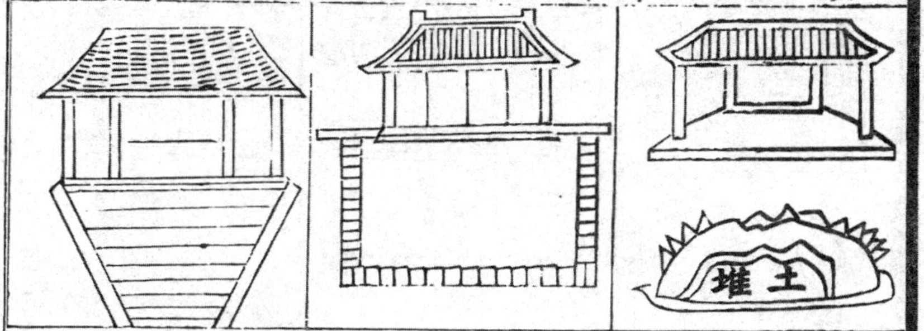

門前土堆如人背上頭生，石出徒配自他漸漸生茅草，家口常憂惱。門前土墻如曲尺，進契人家吉。或然曲尺向外，長妻壻哭分張。門前行路漸漸小，口食隨時了。或獨直去又低垂，退落不知時。

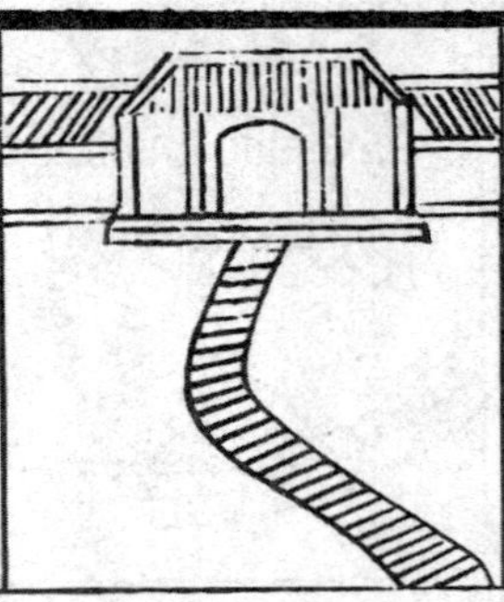

左邊行帶事
亦同男人效
病手拍風牛
羊六畜空費
力雖得財錢
一旦空
路若源頭水
并流庄田千
萬豈能留前
去若更低低
去退後離鄉
散手遊
路如燭焰胃
長能可嘆其
家小口亡兒
子賣田端的
有不然父母
也投河

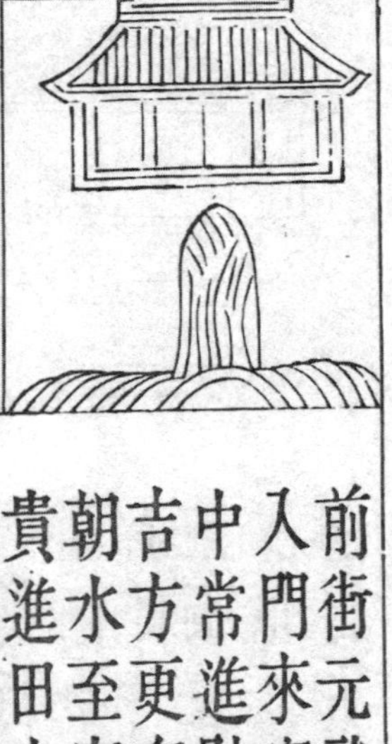

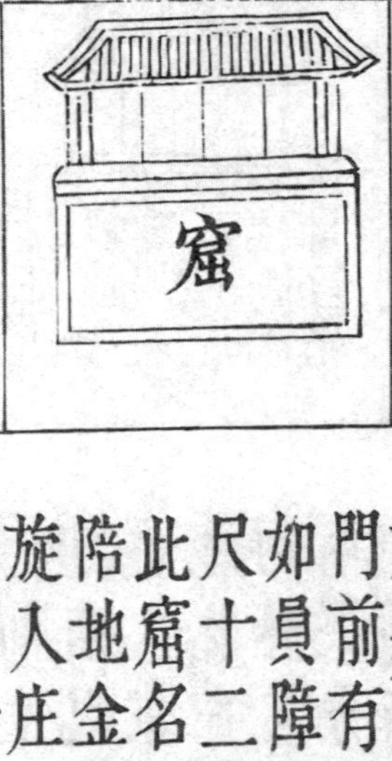

前街元武
入門來家
中常進財
吉方更有
朝水至富
貴進田牛
門前有路
如員障八
尺十二數
此窟名如
陪地金旋
旋入庄田
門前行路
如鵞鴨分
明兩邊著
或然又如
鵞掌形口
舌不曾停

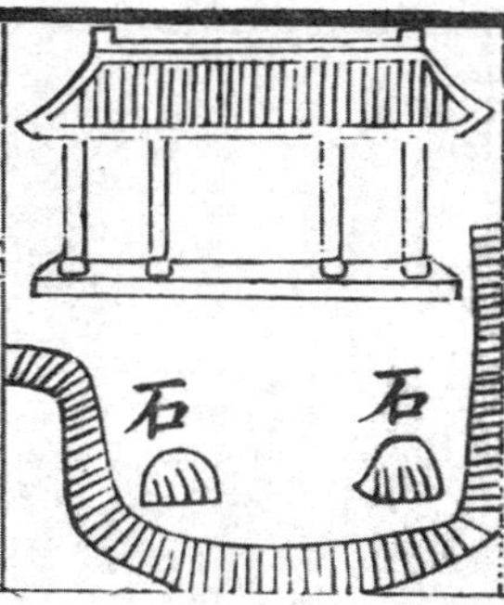

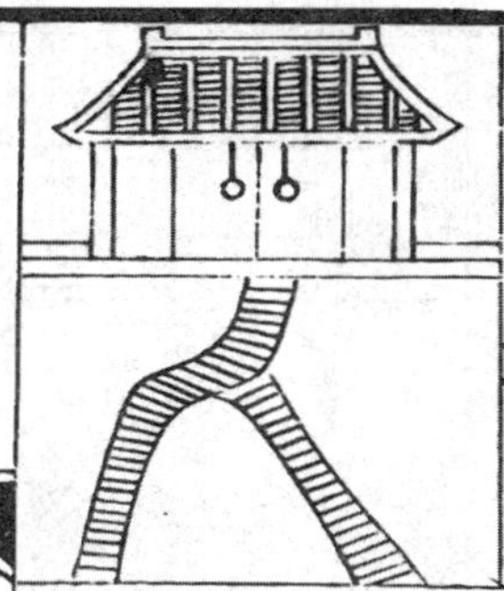

門前腰帶
田陸大其
家有分解
園墻門畔
更同還名
日進財山

雙桃門前路
拖精先知室
女有風聲身
懷六甲方行
嫁却笑人家
濁不貞

一來一往似
立廂家中發
後事多般須
招口舌重重
起外來兼之
鬼入門

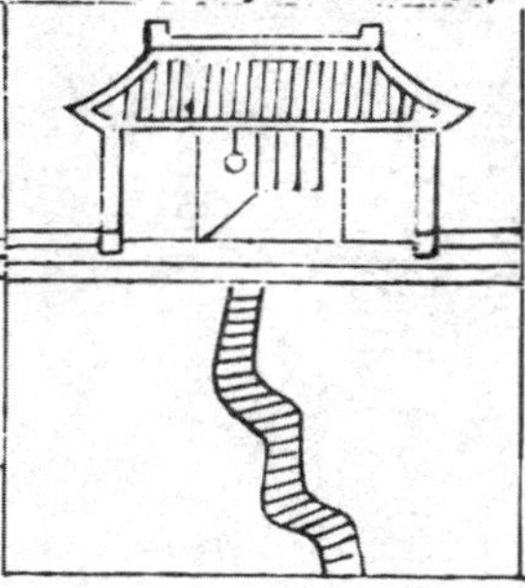
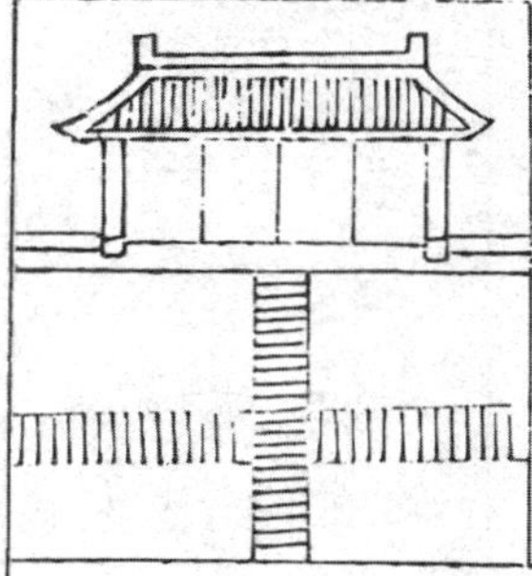

有路行來若
火勾其家退
落更能偷若
還有路從中
入打殺他人
未肯休

翻連屈曲名
秋蚓有路如
斯人氣緊生
離未免兩分
飛損子傷妻
家道虧

十字路來才
分谷兒孫手
藝最堪爲雖
然温飽多成
敗只因娼好
寶已虛

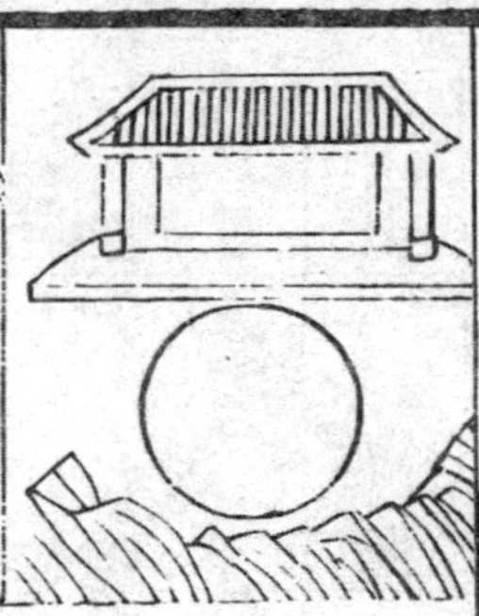

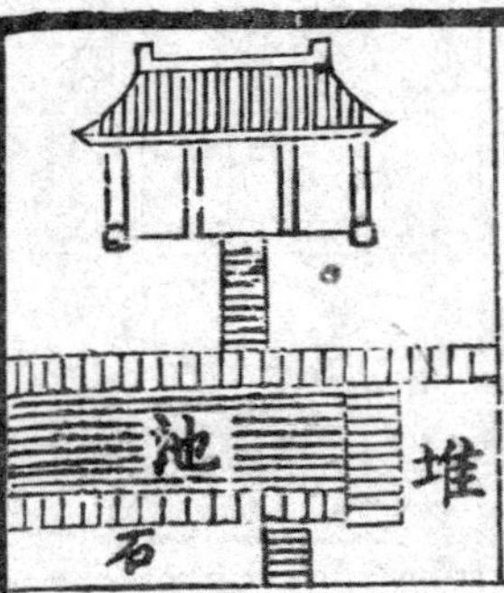

門前石面
似盤平家
富有聲名
兩邊夾從
進寶山足
食更清閑
屋邊有石
斜聳出人
家常仰郁
定招風疾
及困貧口
食每求人
排算雖然路
直橫須教筆
硯案頭生出
人巧性多才
學池沼爲財
輕富榮

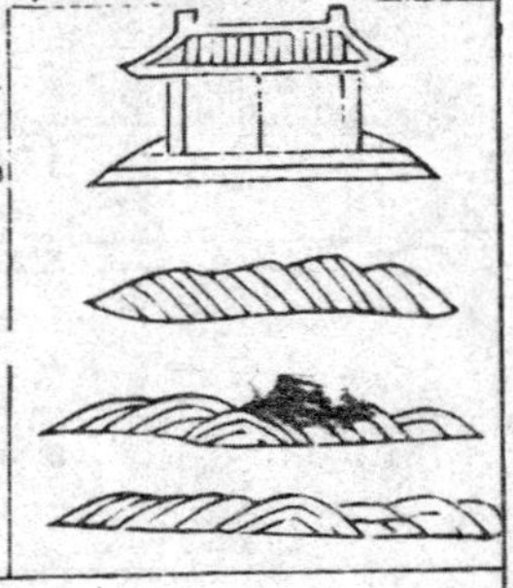

門前見有
三重石如
人坐睡直
定主二夫
共一妻蠶
月養春宜
右面四方
高家裏座
英豪
渾如斧鑿
成其山出
貴人
路如人字意
如何兄弟分
推隔用多更
主家中紅焰
起定知此去
更無廬

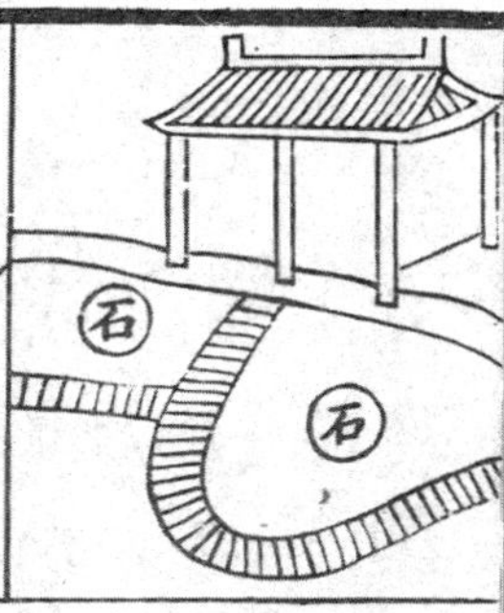

路來重曲號
爲州內有池
塘或石頭若
不爲官須巨
富侵州侵縣
置田疇
田路直來中
間曲此名四
獸能取祿左
來更得一刀
砧文武兼全
俱皆足
抱戶一路兩
交加室女遭
人殺可嗟從
行夜好家內
亂更人致死
也因他

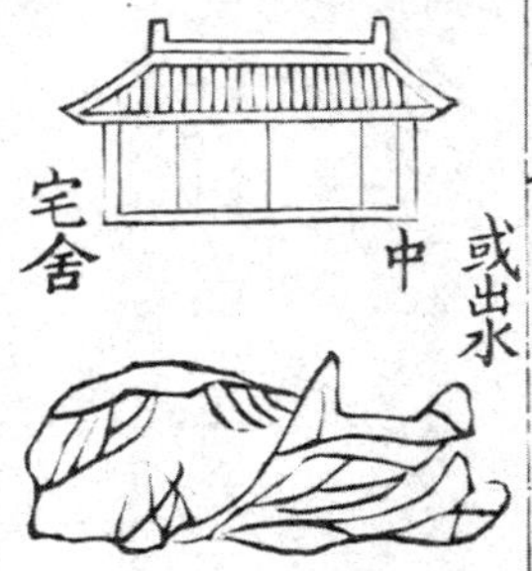

石如蝦蟆
草似梜怪
異入廳堂
駝腰曲背
家中有生
子形容醜
石如酒瓶
樣一般樓
臺更滿山
其家富貴
欲一求斛
注使金銀
或外有石
似牛眠山
成進庄田
更有水在
丑方出六
畜自興旺

靈驅解法洞明眞言秘書

魘者必須有解前魘禳之書皆土木工師邪術葢邪者何能勝正是書所載諸法皆句句眞言靈符妙訣學者觀者勿得汚手開展各宜敬之凡有一切動作起造完日解禳之後則土木之魘無益矣如居舊室或買者賃者家宅累見凶事或病或口舌或爭訟家中不和睦夢魘叫見神遇鬼傷害人口生意淡薄時常火發頻賊偷盜飛來等禍敗家喪命之類並皆可禳能轉禍爲福百難無侵矣

因累試累驗特此抄刋

工完禳解呪

呪曰

五行五土相尅相生木能尅土土速遁形木出山林

秀金尅神木精急退免得天嗔工師假術卽化微塵

一切魔鬼快出戶庭掃盡妖氲五雷發聲柳枝一灑

火盜淸寧一切魘物不得番身工師哩語貶入八冥

吾本天令永保家庭急急如老君律令

禳解類

凡置瓦將軍者皆因對面或有獸頭屋脊墻頭牌坊脊如隔屋見者宜用瓦將軍如近對者用獸牌每月擇神在日安位日由天晴安位者吉如雨不宜若安位反凶木物不宜藏座下將軍本屬土木原尅土故不可用安位必先祭之用三牲酒菓金錢香燭之類　祝曰

伏以

神本無形仗莊嚴而成法相師傳有教待開光而顯靈

通（即用墨點眼）伏爲南贍部州大清國某省某府某縣某都

某圖住屋奉神信士某人今因對門遙見屋脊或墻頭

相冲特請九獸總管瓦將軍之神供于屋頂凡有冲犯

乞神速遣永鎮家庭平安如意全賴威風凶神速避吉

神降臨二六時中全叨神庇祭祝以完請登寶位

祝畢以將軍面向前上睇不可朝自己屋凡工人

只可在將軍後切不可在將軍前恐有傷犯休教

主人對面仰觀宜側立看吉

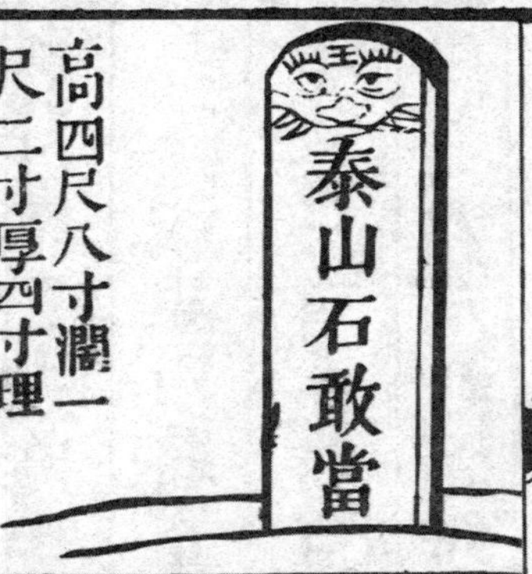

高四尺八寸濶一尺二寸厚四寸理人上八寸

上濶八寸按八卦下六寸四分按六十四卦高一尺二按十二時兩邊合吉凶氣

凡鑿石敢當須擇冬至日後甲辰丙辰戊辰庚辰壬辰甲寅丙寅戊寅庚寅壬寅此十二日乃龍虎日用之吉至除夜用生肉三片祭之新正寅時立于門首莫與外人見凡有巷道來冲者用此石敢當

但有人家對近墻屋之舂用此獸牌釘于窗頂上不可直釘簷下則對不著對面之冲釘者須要準對不有歪斜釘不可釘于獸面若釘當中反凶也今有圖式黑圈處釘釘之處也取六寅日寅時吉忌未亥生命

賜福板

天官賜福

此板釘他人屋脊上或墻上須要與他家屋主人說明要他家主人寫不可自書若自寫反不吉此板因不釘獸牌或對門相好親友恐他人不喜之設故釘此以兩吉也和睦鄉里之用

一善

擇四月初八日用佛馬淨水化紙畢辰時釘釘時須要人看待傍人有識此者借其言曰一善能消百惡若傍人不說則先使親友來說釘此一善須要現眼處

天無忌　地無忌

陰陽無忌　百無禁忌

姜太公在此

但一應興工破土起造修理皆通用
寫姜太公符者不宜用白紙要用黃
紙

倒境

又曰虎鏡

此鏡鑄成銀等盤樣四圍高中間陷不宜
太深凹中磨亮不類人與物照之皆倒也
凡有廳屋宮室高樓殿寺菴觀屋脊及旗
竿相冲用此鏡鎮之

吉竿

吉竿用長木佳上用拔水板如雨落水一般名曰避雨中用轉肘好扯燈籠燈籠上寫平安二字避雨中用一板上寫紫薇垣三字像神位一般供在避雨中朝對冲處凡有大樹燈竿城樓寶塔月臺更樓敵樓官廳官堂冲者並皆用之若人家前高後低者亦用此不宜太高立于後門或後天井中若後邊有山高墻高他家屋高亦用此立于前天井內門前

黃飛虎

飛虎將軍或紙畫或板上畫凡有人家飛簷橫冲者用此橫冲屋脊等項亦用此鎮之見有人家安酒瓶者亦同用小三白酒內藏五穀太平錢一文砌成一塊如品字樣

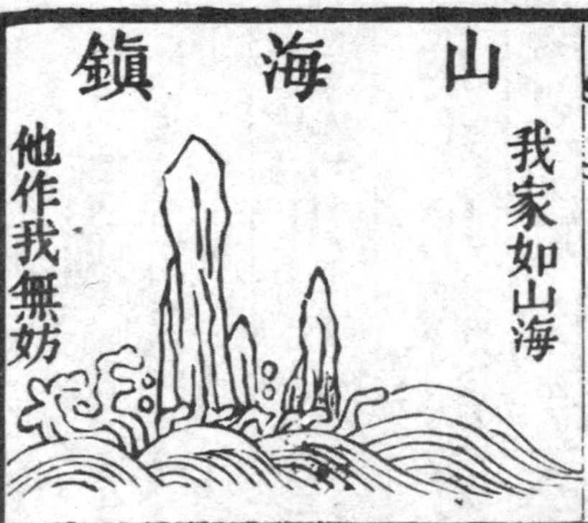

山海鎮如不畫者只寫山海鎮如可畫之尤佳凡有巷道門路橋亭峯土堆鎗桂船埠豆篷桂等項通用

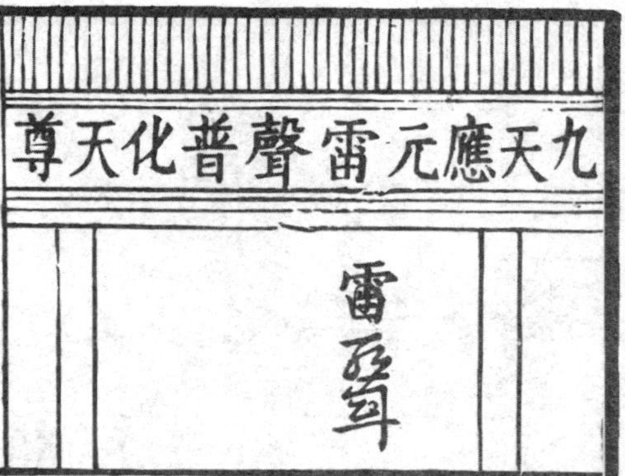

凡有鐘樓鼓樓鐵馬梯廻廊鞦韆架牌樓上麒麟獅子開口者及照墻神閣五聖堂屋脊相冲等項枋上此事逢凶化吉

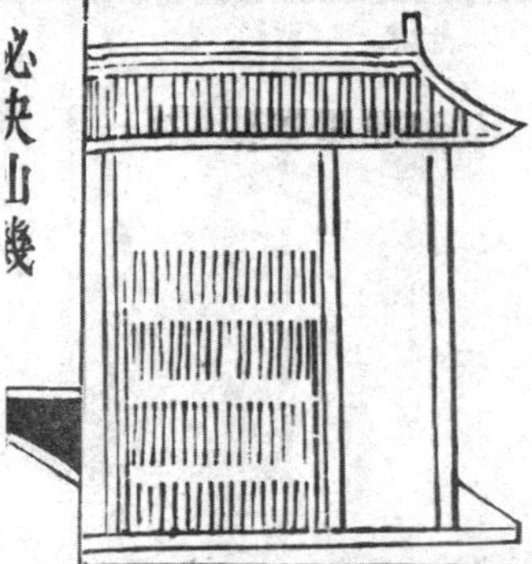

凡有低屋脊及矮墻頭冲者用如已屋朝東朝西朝南者恐日影墻脊屋脊影入門故用鎗籬以當其鋒

凡匠人在無人處莫與四眼見自已閉目展開一見者便用

魯班秘書

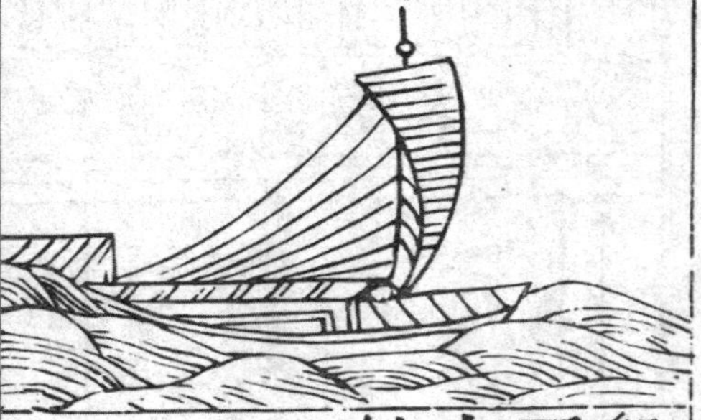

船亦藏于斗中可用船頭朝內主進財不可朝外朝外主財退

桂葉藏于斗中主發科甲

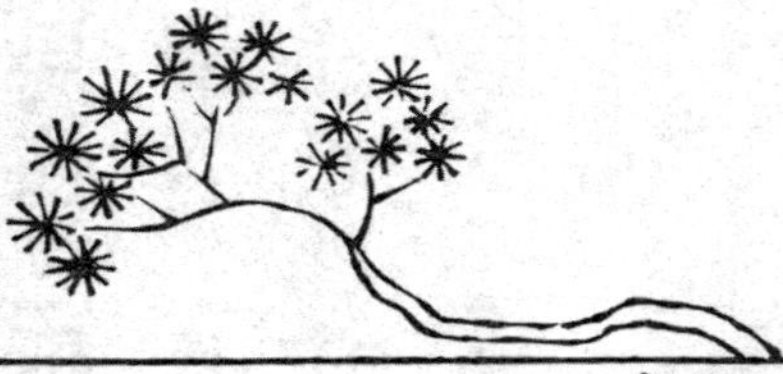

不拘藏于某處主主人壽長

此披頭五鬼藏中柱內主死喪

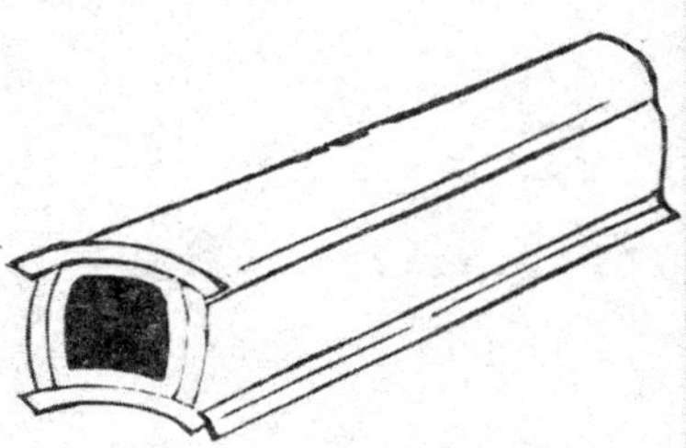

一箇棺材死一口若然兩口主雙刑大者其家傷大口小者其家喪小丁藏堂屋內枋內

黑日藏家不吉昌昏昏悶悶過時光作事却如雲薇日年年瘧疾不離床藏人門上枋內

鐵鎖中間藏木人上描五彩像人形其家一載死五口三年五載絕人丁深藏井底或藏墻內

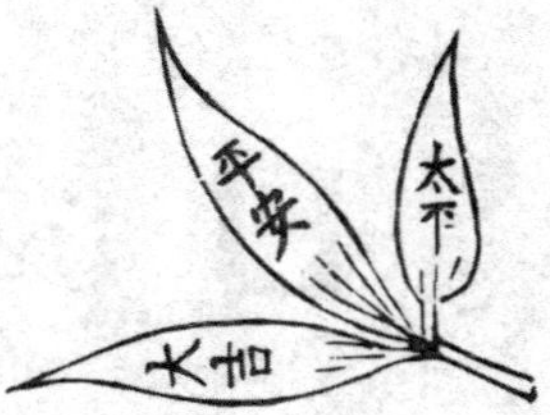

竹葉青青三片連
上書大吉太平安
深藏高頂椽梁上
人口平安永吉祥
藏釘椽屋脊下禁
柱上

梁畫紗帽檻畫靴
枋中畫帶正相宜
生子必登科甲第
翰林院內去編書

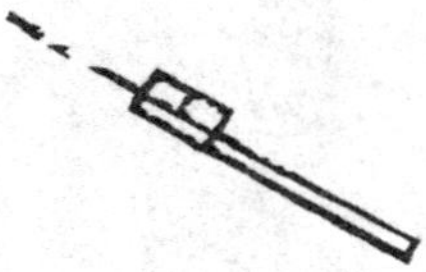

門縫中間藏墨浸
代代賢能出方正
不爲書吏却丹青
積善人家主忠信

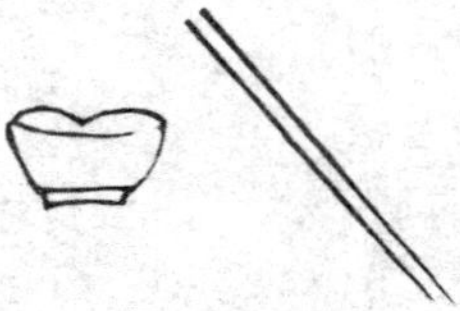

一塊碗片一枝筯
後代兒孫乞丐是
衣糧口食常凍餓
賣了房廊住橋寺
藏門口架梁內

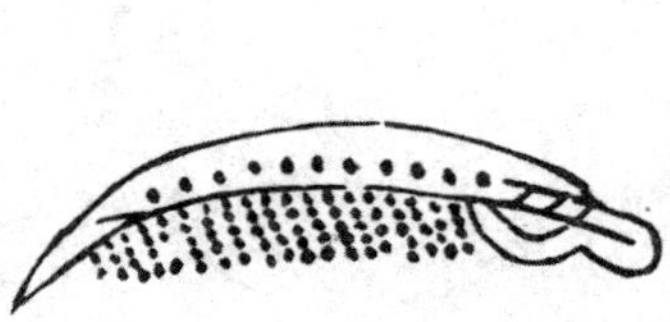

覆船藏在房北地
出外經營喪江內
兒女必然去投河
妻兒難逃產死厄
埋北首地中

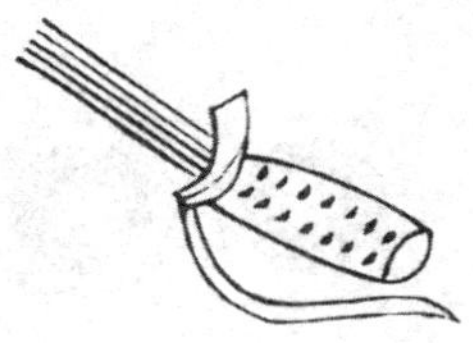

一箇柴頭繫一繩
塊藏地下隨處行
夫妻父子嘗不睦
弔死繩頭有已人
不論埋何處

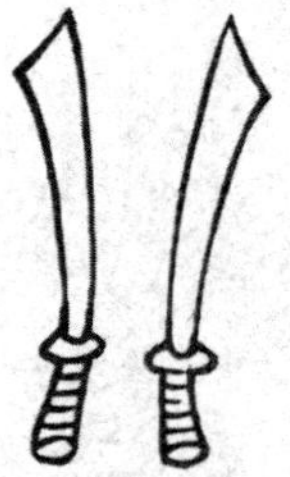

白紙畫成兩把刀
殺人放火逞英豪
殺傷人命遭牢獄
不免秋來刀下拋
藏門前白虎首枋
內

一人一馬一枝鎗
武職身榮大吉昌
名聞天下虜威伏
不免將軍死戰場

白虎當堂坐正廳
主人口舌不離身
女人在家多疾厄
不傷小口只傷妻
藏梁楣內頭向內
凶

斗中藏米家富足
必然富貴發華昌
千財萬貫家安穩
米爛成倉衣滿箱
藏斗內

一塊破瓦一斷鋸
藏在梁頭合縫處
夫喪妻嫁子拋離
奴僕逃亡无處置
藏正梁合縫內

雙錢正梁左右分
壽財福祿正豐盈
夫榮子貴妻封贈
代代兒孫掛綠衣
藏正梁兩頭一頭
一個須要覆放

七箇釘頭作一包
七口人丁永不拋
若然添人與娶媳
一得一失必難逃
藏柱內孔中

一定好墨一枝筆
富貴榮華金堦立
必佐聖朝爲宰臣
筆頭若蛀退官職
藏枋內

合木木中書此符
家中嘗見鬼妖魔
走石飛砂長作怪
妻女兒郎祛病多
將木上鑲縫中畫
之

口

朱雀前書多口舌
官非横禍相碌涉
家財耗散損人丁
直待賣房纔得歇
寫大門上枋中

門檻縫中書斗四
房若成時禍上頭
天大官司監牢內
難出監中作死囚
藏門檻合縫中

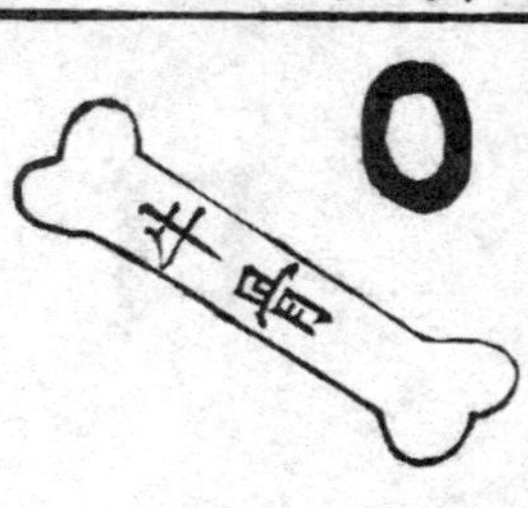

房屋中間藏牛骨
終朝辛苦忙碌碌
老來身死沒棺材
後代兒孫壓肩肉
埋房中間

頭髮中間裹把刀
兒孫落髮出家逃
有子無夫常不樂
鰥寡孤獨不相饒
藏門檻下地中

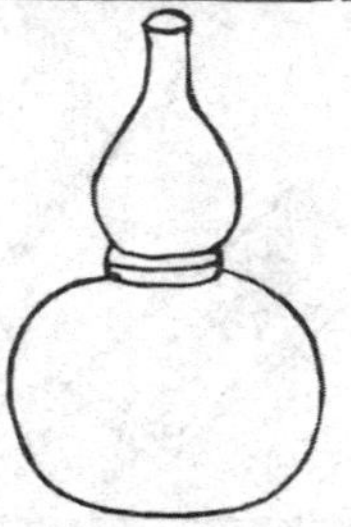

墻頭梁上畫葫蘆
九流三教用工夫
凡住人家皆異術
醫卜星相往來多
畫墻上畫梁合縫
內

凡造房屋木石泥水匠作諸色人等蠱毒魘魅殃
害主人上樑之日須用三牲福禮攢扁一架祭告
諸神將魯班先師秘符一道念呪云惡匠無知蠱毒
魘魅自作自當主人無傷暗誦七遍本匠遭殃吾
奉
太上老君勅令他作吾無妨百物化爲吉祥急急律
令　卽將符焚於無人處不可四眼見取黃黑狗
血暗藏酒內上樑時將此酒連遞匠頭三杯餘者
分飲衆匠凡有魘魅自受其殃諸事符解

此符用硃砂書符貼正樑上

黑圈內寫本家名字在內寫完以墨塗之貼符用左手持之貼時莫許外人說閒話貼畢下梯方以青龍和合淨茶米食化紙卽安家堂聖衆接土地竈神居位遂念安家堂眞言曰

天陽地陰　二氣化神　三光普照　吉曜臨門

華香散彩　天樂流音　迎請家堂　司命六神

萬年香火　永鎮家庭　諸邪莫入　水火難侵

門神戶尉　殺鬼誅精　神威廣大　正大光明

太乙勅命　久保厶門　安神已畢　永遠大吉

秘訣仙機終